编 写 委 员 会

广东省创新创业教育课程建设项目

"基于潮商创业精神的大学生创业教育"成果

大学生创新创业教育

——基于潮商创业精神

柯东贤　黄俊生◎主编

暨南大学出版社
JINAN UNIVERSITY PRESS

中国·广州

图书在版编目（CIP）数据

大学生创新创业教育：基于潮商创业精神/柯东贤，黄俊生主编. —广州：暨南大学出版社，2021.8

ISBN 978 - 7 - 5668 - 3195 - 8

Ⅰ.①大… Ⅱ.①柯…②黄… Ⅲ.①大学生—创造教育 Ⅳ.①G640

中国版本图书馆 CIP 数据核字（2021）第 128378 号

大学生创新创业教育——基于潮商创业精神

DAXUESHENG CHUANGXIN CHUANGYE JIAOYU—— JIYU CHAOSHANG CHUANGYE JINGSHEN

主　编：柯东贤　黄俊生

出 版 人：张晋升

策划编辑：黄文科

责任编辑：李倬吟

责任校对：张学颖　黄晓佳　王燕丽

责任印制：周一丹　郑玉婷

出版发行：暨南大学出版社（510630）

电　　话：总编室（8620）85221601
　　　　　营销部（8620）85225284　85228291　85228292　85226712

传　　真：（8620）85221583（办公室）　85223774（营销部）

网　　址：http://www.jnupress.com

排　　版：广州尚文数码科技有限公司

印　　刷：佛山市浩文彩色印刷有限公司

开　　本：787mm×1092mm　1/16

印　　张：10.5

字　　数：240千

版　　次：2021年8月第1版

印　　次：2021年8月第1次

定　　价：42.80元

序 一

我们正处于国家全面深化改革的征途之上，为实现中华民族伟大复兴的中国梦而不断奋斗，"大众创业，万众创新"的理念深入人心，各种新产业、新模式、新业态不断出现，激发了社会活力，释放了巨大创造力，成为推动我国经济结构调整、打造发展新引擎、增强发展新动力、走创新驱动发展道路的重要抓手。

在新的社会形势下，国内高校毕业生人数逐年增加，市场上高素质人才的竞争也日趋激烈，企业对员工的综合素质能力要求也不断提高，不少大学生缺乏核心竞争力，面临着"毕业即失业"的尴尬境地。因此，高校切实加强大学生创新创业教育、进一步培养大学生创新意识和实践能力成为高校在新时代的重要任务和教育使命。

改革开放以来，国内最具创新创业活力的地区当属广东，广东创业看潮商。俗话说，有潮水的地方就有潮商。潮商起于唐宋，兴于近代，涌现出一批又一批商界传奇人物，如林百欣、李嘉诚、马化腾等，其发家发迹史在国内乃至国外流传至今。走进潮汕，你会发现，创新创业教育是从小开始，至老不息，很多人把创新创业当作自己的人生方向，将实现理想作为自己的人生信仰。一代又一代潮汕人不断学习和践行良好的创业理念，总结出可借鉴的宝贵经验，逐渐凝结出潮商创业精神。

根据学生培养工作的实际需要，本书编者对潮商创业精神进行归纳总结，将潮商创业精神及其特质融入大学生创新创业教育中，形成具有潮商创业精神内涵的大学生创新创业教育教材，为潮商创业精神在新时代反哺创新创业教育开启了新的路径。

本书在内容上突出应用性和实践性。本书编者以应用型人才的培养定位为基准，秉承"理论必需""理论够用""理论管用"以及"理论好用"等几个原则，选取有较高应用价值的内容编入教材，目的在于提高读者在创新创业过程中解决实际问题的能力，进一步拓宽读者视野。

本书的表述方式兼顾通俗性和严谨性。关于基本概念和原理的文字阐述部分则力求严谨，而关于实践运用的部分则力求通俗浅白，用大量潮商商帮故事、潮商谚语和少量图表深入浅出地解说课程基本内容，增强了教材的可读性，体现了它的基础性。

本书在体例上突破了同类教材的编写体例，采用"全面深入"的写作手法，让读者了解从白手起家到企业发展的整个过程中会遇到的种种机会和挑战，促使读者产生将书中陈述的方法原理付诸实践的想法。从定义、阶段特征、主要内容到案例分析和方法分析，再到策略技巧，都能增强读者的兴趣，引导他们思考并付诸行动。

本书结构合理、逻辑清晰、案例翔实、时代感强，主要以马克思主义关于人的全面发展学说、创造力开发理论、马斯洛需要层次论、系统科学理论、人力资本理论、企业生命周期理论等为指导，以文献查阅法、问卷调查法、案例分析法等为方法，适合高等院校各专业作为本科生开展创新创业教育的通用基础教材，也可作为创新创业园区、创新创业大赛等的培训教材，还可作为创业者和创新创业爱好者、管理者和研究者的参考资料，更可作为拓宽视野、增长知识的自学用书。

"不积跬步，无以至千里；不积小流，无以成江海"，在创新创业中的每一次积累都将成为你受益匪浅的财富，也都将造就更为强大的自己。

需要说明的是，随着社会的快速发展和进步，潮商创业精神历久弥新，大学生创新创业教育也不断出新出彩，为使本书的生命力更为长久，希望广大高等院校教师、学生和读者能关心和支持本书，及时向本书的编者提出使用本书过程中发现的问题和修改意见，以便编者及时修订、完善。

柯东贤作为本书主创人员，不仅为本书的出品付出大量辛勤劳动，而且在辅导员工作室建设方面投入大量精力，体现了敬业精神和师德风范，真正将高校辅导员立德树人的使命贯穿到自己的工作和研究中。本书是一个里程碑，也是一个路标，不仅为学生的成长，也为辅导员的成长，树立了标杆。

魏则胜
2021 年 4 月

（魏则胜：教育部高校辅导员培训和研修基地常务副主任，华南师范大学博士生导师、教授）

序　二

　　我对在大学开展创新创业教育是有一个认识过程的。一开始提出这个概念，坦率地讲，内心是有点排斥的。在我看来，一个人的大学时光短暂而宝贵，应该让学生专心读书，况且大学生创业的成功率有多高？后来我逐渐修正了这种观念。在大学开展创新创业教育更主要的是培养学生具备这样一种素养，即使他毕业后只是一个从业者而非创业者，在任何岗位，他都需要一种开创的观念和精神，需要一种求新、求变、求发展的心态，需要一种将学到的知识付诸实践并创造价值的能力，这就是在大学开展创新创业教育的充分理由。若能够因此培养出像马云、马化腾这样的大企业家，我们自然更为高兴。

　　现在，创新创业教育已经作为必修课程列入大学各类专业的人才培养方案。各类创新创业教育的教材也争先亮相，摆在我面前的《大学生创新创业教育——基于潮商创业精神》就是其中的一部。这部教材在内容体系上是完整的，它从创业的定义谈起，然后是大学生创新创业能力的培养、创业者与创业团队的组建、创业资源的整合、创业计划的撰写乃至新企业的开办等，创新创业教育的诸种要素都涉及了。对于一部教材来说，首先必须具有完整而严密的内容体系，从这个角度讲，这部教材做到了。我之所以愿意推荐这部教材，更主要的原因是它具有以下两个方面的特色：

　　其一，将潮商创业精神灌注其中。大约自明清以来，潮商就是与晋商、徽商等齐名的商帮。在我看来，潮商是靠海运兴起的，海上贸易充满变数和艰险，所以一开始，白手起家、敢于冒险、开拓创新这些精神基因就构成了潮商文化的精神底色。也就是说，相对于一些主要靠占有和垄断资源起家的商帮，潮州商帮是一个更富有创业精神的群体。这部教材不仅有两章专门谈潮商与潮商创业精神，还在其他章节中引用潮商的案例将这种创业精神贯穿全书，这是一个值得肯定的地方。一方面，它让教材更具有本土特色；另一方面，创新创业教育不仅要谈"技"，还要谈"道"。潮商创业精神的教育，我认为就是"道"的教育。

　　其二，运用了许多大学生创业的案例。创新创业教材一般选用的是企业家成功的创业案例，而这部教材选用了许多大学生尤其是韩山师范学院大学生创业的案例，如高淦的蓝海动漫设计、黄美铃的韩创文化教育、陈宝弟的六人创意陶瓷坊等，他们走的路径大致相同，大学时代参加创新创业比赛脱颖而出，之后创办企业自谋出路，带动一批人共同追求他们的梦想与理想。将这些大学生的案例植入教材，我认为对学生来说，更有亲切感，也更有参照与启示意义。

　　我看过不少版本的创新创业教材，不能说这部教材的学术价值最高，但是毫无疑问，这是一部自成体系且富于本土特色的创新创业教材。

黄景忠

2021 年 4 月

（黄景忠，韩山师范学院副校长、教授，广东"新师范"建设指导委员会副主任）

目　录

第1章 绪论

1.1 背景与意义

1.1.1 潮商传统文化教育是一种创业型的教育

有潮水的地方就有潮商，潮商源于唐宋，兴于近代，在长期的发展中形成了具有海洋文化特色的商帮。潮商与晋商、徽商齐名，是中国近代最著名的商帮，更是中国近代商帮发展中唯一没有断代的一脉。庄世平、谢易初、李嘉诚、谢国民、陈伟南、郑午楼、谢慧如、林百欣、陈弼臣、马化腾等，代代潮商，响彻中华，其发家史、创业史不仅在潮汕地区，更在中国乃至世界广为流传，成为一种传奇。这些奇迹不断见证着、续写着潮商的传奇，成为人们津津乐道的佳话。

在为这些传奇人物的发家史及其创业过程中所展示的精神所折服时，我们更加感慨：是什么力量使这个生长于"省尾国角"的族群产生如此多的商业巨人，并连绵不断？在此，笔者认为是千百年来代代潮商在创业过程中所形成的创业精神文化。这种珍贵的创业精神文化在潮商中代代相传，并促进潮商不断发展。

走进潮汕，你会发现，在潮汕人的日常生活用语中会感受到与晋商一样的创业文化氛围，如"饿死不打工"——创事业（自己当老板），"算盘扣到无子"——精打细算，"买卖唔成人情在"——和气生财，"老实终久在"——诚信为本。一句句透露着"生意经""创业梦"的生活谚语从潮汕人一出生就伴其一生成长。

可以说，潮汕人对后生（潮汕话，对年轻后辈的称谓）的创业培育是"从娃娃抓起"的。他们从小就以创业（成为老板）为人生职业理想，并在个人的职业发展过程中不断滋养着传统文化。千百年来，潮商创业传奇不断上演，并在民间广泛流传，逐渐形成了潮商商帮文化——潮商创业精神文化。

当然，从教育的目的、过程来讲，潮汕人以经商、创业为人生职业理想目标，但又不以创业（当老板）为唯一目标，他们同时注重培养过程。这属于当下的创业型教育。创业型教育造就了潮汕人杰地灵的美誉，不仅在商业、创业方面涌现了大批商业巨人，在文化、政治、科技等方面也是人才辈出，如国学泰斗饶宗颐、著名爱国侨领庄世平、中国核潜艇之父黄旭华、岭南词宗詹安泰，皆为其所在领域的翘楚，享誉中外。

1.1.2 "大众创业，万众创新"再次唤醒了潮商创业精神

潮汕地区的传统商业文化教育，从潮商创业教育的源头来讲，属于创业教育中的"广义创业教育"，与我国当前所倡导"大众创业，万众创新"时代精神是一致的。无论是从创业精神文化还是从创业（商业）技能来讲，它是有理想、有目标，注重培养过程，而不以最终是否自己创业、是否成为老板为结果及培养评价标准的模式。综观其整个过程，潮汕历史、环境、文化及老一辈商业巨子铸就的潮商创业精神是其创业教育的核心所在，而长期形成的商业创业教育氛围正是"大众创业，万众创新"时代精神的一种具体表现。

从历史传统上讲，潮商爱国、团结、拼搏、诚信、勇于创新创业的创业精神文化是潮商在创业、经商过程中长期形成的价值和文化取向。这种精神文化在新时代焕发出强大的新生力量，"大众创业，万众创新"再次唤醒了潮商创业精神。

从传统商业文化教育模式细究，其商业教育皆从孩童牙牙学语开始，从日常生活的点滴入手，寓商业创业教育于生活之中，贯其一生，终身学习。从这点来讲，潮汕地区民间的商业教育与西方发达国家的系统创业教育有着异曲同工之处，皆是从孩童开始，甚至可以说，潮汕地区的创业教育比欧美发达国家的创业教育开展得更早。但从教育的模式和过程来讲，潮商创业教育大多数来自家族家庭教育，口口相传，属于松散式教育，缺乏系统的整合。随着时代的发展、外来文化的不断融入，潮汕传统文化有淡化的趋势，如何在新时代使中国商帮唯一没有断代的优秀文化——潮商创业精神文化焕发新的生命力量，回归教育本质，服务于当前的高校创业教育，使千百年来潮汕地区固有的家族式创业教育成为科学、系统的创业教育，并不断发展，是当前我们亟须思考和奋斗的目标。

近年来，创业教育得到党和国家的高度重视，在全国兴起一股"大众创业，万众创新"热潮。"大众创业，万众创新"与潮商创业教育核心内容的一致性再次唤醒了潮商创业精神，为开展融入潮商创业精神的创业教育研究提供智力指导和政策保障，带来了科学、系统整合潮商创业精神的历史机遇。

走进新时代，如何系统整合潮商创业精神，使其焕发新内涵，满足高校创业教育全面实施过程中大学生对创业教育的需求，促进中国特色社会主义大学校园文化发展？我们可以将传统的潮商创业精神放在社会主义核心价值观中思考，按照社会主义核心价值观的公民层面"爱国、敬业、诚信、友善"道德规范标准，提取传统潮商精神中的优秀文化内涵，重构定义潮商创业精神为"爱国、奉献、创新、创业、团结、拼搏、诚信、友善"。

1.1.3 融入潮商创业精神的创业教育研究的意义

千百年来，潮商创业传奇不断上演，其商帮文化、创业精神被广泛流传，潮商们的故事、传奇在本地也被广泛传颂。潮商虽自古有创业的历史传统，并在民间形成了商业训练的传统，但作为创业精神文化教育，多数流于民间传说、家族间的口口相传等。在"大众创业，万众创新"伟大青春创业梦的指导下，开展融入潮商创业精神的创业教育研究，具有重要的研究意义。

第一，融入潮商创业精神的创业教育使潮商创业精神更加系统、科学、具体地传承，使其在当前的创业教育研究中发挥应有的影响、作用；同时，借助潮商创业精神的影响，创业教育活动更加生动、丰富多彩，最终使潮汕地区古老而松散的商业训练模式成为科学的、系统的创业教育活动，使潮商创业精神焕发新的生命力。

第二，潮商自古以来属于华人最具财富的族群之一，潮商创业传奇不断上演，其商帮文化、创业精神广泛流传。然而潮商作为中国近代史上继晋商、徽商后影响力最大的商帮，其创业精神对创业教育的价值研究处于起步阶段，本书阐述了融入潮商创业精神的创业者、创业技能、创业资源、创业管理等创业综合素养培养的研究，填补了潮商创业精神对创新创业教育科学、系统指导教材的研究空白，为潮商创业精神在新时代反哺创业教育开启新的里程。

第三，通过本书的撰写，潮商创业精神反哺创新创业教育。我们可以从精神、文化上触动创业教育灵感，激发学习兴趣，培养创业意识、创新精神，提高自我学习动力。解决了创业教育的根本问题，创业知识、创业技能等教育活动的开展将水到渠成。

1.2 国内外研究相关现状

1.2.1 创业教育在国外的发展

创业教育由来已久，而系统的、科学的创业教育起源于欧美发达国家。创业教育自开启以来，就得到政府、社会和学校的重视，不断快速发展。它最早在美国兴起，源于1919年美国霍勒斯·摩西创立的青年商业社所开展的业余商业教育。随着欧美发达国家对创业教育的重视程度的提高，创业教育逐渐成为高校教育的重要内容，并形成一些创业教育模式，以英国创业教育课程模式、德国创新型大学模式和美国创新创业教育生态模式最为典型。其中，英国创业教育课程模式主要通过高校开设创业、创新、创新管理和技术转移管理四类创业课程以及政府与社会各部门为大学生提供政策和资金支持等方式运行。德国创业型大学模式，即以德国慕尼黑工业大学为代表，建立包括课程体系及师资力量、支持性机构组织、行业和企业与创业活动四个方面的创业系统，为创业学生提供支持。美国创新创业教育生态模式主要以斯坦福大学和麻省理工学院为代表。斯坦福大学创设包括教学方法、课程设计、创业项目、社团、校友关系网格、创业成果转化、企业家教员与导师制的创业生态系统，麻省理工学院创设创业活动、学生团体和创业教育三者交互作用的创业生态系统，不断促进创业人才的培养。

创业教育发展至今，以哈佛大学的哈佛商学院、百森商学院、斯坦福大学商学院等大学创业教育最为著名，分别开设投资、企业管理、营销等多个专业，并根据学校自身的办学特色和学生发展特点设置课程，进行创业精神、创业文化、创业技能等创业综合素养的培养。目前，其创业教育课程、机构组织、出版物等各方面都有了比较成熟的理论和发展体系，其创业教育体系具有完整的发展规划，从幼儿教育、基础教育一直到高等教育，贯穿于学生的整个教育成长历程。

随后，系统创业教育在英国、新加坡、日本、新西兰不断发展，各国根据自身的实际情况开设创业教育课程，基本建立了从中学到大学的创业教育体系。

1.2.2 创业教育在国内的发展

与欧美发达国家相比，我国的系统性创业教育起步较晚，主要在各高等院校中开展，开始于1997年清华大学的创业计划大赛。

我国系统的创业教育课程始于2002年，教育部确定清华大学、北京航空航天大学、中国人民大学、上海交通大学、南京经济学院、武汉大学、西安交通大学、西北工业大学、黑龙江大学9所院校为创业教育试点院校开展创业教育实践，随后在全国各高校全部铺开，并逐步形成以下三种主要的创业教育模式：

第一，以清华大学和上海交通大学为代表的创新创业教育模式。该模式通过课程与实际平台相结合的方法综合提高学生的创新创业能力。例如，清华大学组织开展的"科技创新，星火燎原"学生创新人才培养计划、学生科技兴趣团队、本科学生暑期海外研修支持计划等创业人才培养计划，注重学科交叉和人才培养的国际化，在实践中促进教学与创新创业教育相融合，推动创新型人才的培养。

第二，以中国人民大学为代表的第一课堂与第二课堂相结合的人才培养模式。该模式主要以创新创业大赛、大学生创业实践、暑期参与社会组织创业项目等为主体对创业学生进行培养。

第三，以浙江大学和北京航空航天大学为代表的实战创业模式。浙江大学不在以上9所院校中，但是它的模式也同样具有代表性。浙江大学和北京航空航天大学通过设置创新创业基地、创业科研中心等形式为准备创业的学生提供实验设备、材料等方面的支持，不断助推大学生创新创业活动。

近年来，创业教育得到党和国家的高度重视，在党的十八大报告中首次提到"推动实现更高质量的就业"，"要贯彻劳动者自主就业、市场调节就业、政府促进就业和鼓励创业的方针，实施就业优先战略和更加积极的就业政策"；在十八届三中全会的公告中提出要"健全促进就业创业体制机制"，党的十九大更是对大学生提出更进一步的指导和要求，"鼓励创业带动就业"，将创业与就业有机联动起来，对开展创业教育提出更加具体的要求和指导，"大众创业，万众创新"热潮高涨。

1.2.3　融入潮商创业精神的创业教育的展望

潮汕地区地处粤东平原，是潮商起源、发展的中心地带，是中国海上丝绸之路发展的重要起点之一，素有"海丝重镇"的美誉，从历史的角度来讲，可以说，"海丝重镇"开启了潮商发展之路，铸就了潮商创业精神。

潮商是中国历史上九大商帮之一，素有"东方犹太人"之美誉，是继晋商、徽商之后最具影响力和生命力的著名商帮；特别是近代以来，潮商在海内外迅猛发展，潮商领袖代表不断涌现，代代传承，名扬天下，其商业文化、创业精神源远流长，他们的创业故事不断被传诵，甚至成为传奇。

翻阅中国知网，不少关于地方创业精神文化与创业教育研究的文章内容涉及晋商、徽商、浙商等著名商帮，涉及潮商的较少。从这一方面讲，显然与其应有的历史地位和影响是不相符的。

结合潮商文化的传承，我们将潮商创业精神重构为"爱国、奉献、创新、创业、团结、拼搏、诚信、友善"，在中华民族伟大复兴、伟大青春中国梦的引领下，在"大众创业，万众创新"的热潮中，将潮商创业精神化为文化载体，融入新时代创新创业教育中，构建地方文化特色的体系化、科学化的创新创业教育体系，使具有中国传奇的潮商创业精神再次发扬光大，对弘扬潮汕优秀传统文化诚然具有非凡的意义和价值。

1.3　主要内容和研究方法

1.3.1　主要内容

潮商自古以来属于华人财富最巨的族群之一，潮商的故事、传奇在本地已被广泛传诵，易于开展融入潮商创业精神的创业教育活动。在时间上，我们无法弥补我国体系化创业教育开展得比较晚的现实，但可以从精神、文化上触发创业教育灵感，激发读者的学习兴趣，培养创业意识、创新精神，提高自我学习动力，解决创业教育的根本问题。

本书主要在查阅了大量的潮商商帮故事、潮商谚语及相关文献的基础上，以社会主义核心价值观为指导，对潮商创业精神进行归纳总结，将潮商的创业精神及特质融入大学生创新创业教育中，形成具有潮商创业精神特色的大学生创新创业教育教材，其主要内容为创业与职业生涯规划教育、潮商与潮商创业精神、潮商创业精神视角下的创业机会与创业风险、大学生创新创业能力培养模式创新、创业者与创业团队、创业资源、创业计划、新企业的开办等，第2至9章的主要内容简述如下：

第2章，创业与职业生涯规划。该章主要阐述的是创业与职业生涯规划，并通过列举一系列潮商创业事例，讲述创业的定义、要素、类型等基本内容，结合潮商经典故事、大学生职业生涯规划教育，阐述基于潮商创业精神的创业教育与职业生涯规划的意义及作用。首先，职业生涯是人类具有生命意义的实践历程，是不断变化与发展的历程。生涯发展具有一定的阶段性，根据舒伯的生涯发展五阶段理论，可以知道每个阶段都有其主要任务，我们需要努力完成每个阶段的任务，职业生涯才会有好的发展。其次，职业生涯中创业教育是时代的需要、历史的必然。发展创业教育是当前思想政治工作的重要内容，是减缓就业压力的重要手段，是实现自我价值的重要途径。而创业与创新息息相关，只有在创新的基础上，才能更好地实现创业教育的普及。

第3章，潮商与潮商创业精神。该章主要从历史文化角度阐述潮商的发展历史和价值理念，总结归纳潮商创业精神内涵和文化。潮商精神文化是潮商在创业过程中形成的价值理念和文化取向，与其他地方文化一样，存在着积极向上和相对落后的两面性。在"大众创业，万众创新"的创新创业思潮中，如何传承潮人文化中的瑰宝——潮商创业精神，使其焕发新生命，服务于高校的创新创业教育？可以按照社会主义核心价值观的对公民层面的道德评判标准——"爱国、敬业、诚信、友善"的内涵出发，将传统的潮商精神文化放进社会主义核心价值观中进行"过滤"，重新归纳定义，得出全新的潮商创业精神为"爱国、奉献、创新、创业、团结、拼搏、诚信、友善"。

第4章，潮商创业精神视角下的创业机会与创业风险。潮商创业精神是潮商历经多年积累的生存经验，对指导他人开展创业实践具有导向作用。创业机会与创业风险共存，潮商创业精神蕴含着辨别创业中机会与风险的哲理，开展对潮商案例的学习、对创业机会的评价、对创业风险的识别，分别综述了潮商创业精神视角下的创业机会与创业风险。首先，在创业机会和风险方面，该章主要阐述创业机会识别，"小小生意能发家"，从创新到创业的角度开展创业教育，通过案例的学习，把握创业机会，挖掘技巧，明白创业机会的来源和潮商创业智慧，掌握创业机会的行业识别技巧。其次，在创业机会评价方面，从潮商不变的经验"不熟不做"出发，从各个角度阐述类型、评价。最后，在创业风险识别方面，对"小而精""整合资源、互通有无"的潮商风险防范意识进行学习。创业机会与创业风险并存，创业者需要具备一定的创业格局，明白创业与风险是共存的。

第5章，大学生创新创业能力培养模式创新。该章从创新到创业教育如何转化的角度阐述了大学生创新创业能力培养，通过本书撰写团队的实践，展示了基于大学生"双创"教育实训平台的大学生创新创业教育培养模式及机制研究，从理论和实践上系统阐述了大学生创新到创业教育的实践教育，通过打造创新教育实训平台与创业教育实训平台，以两年为运行周期，以大学生为主体，组建团队，参与创新创业实训，围绕创新平台中产生的科技成果，在创业平台中进行转化实训，由创新转化到创业，由创业反馈到创新，在实训中开展大学生创新创业能力培养，实现大学生创新教育与创业教育对接循环，以此建立可复制的大学生创新创业教育培养模式和可循环的长效机制。

第 6 章，创业者与创业团队。在创业者方面，该章主要从"创业者，从来不是天生的""创业动机的含义与分类""产生创业动机的驱动因素""创业者的素质与能力"四个方面进行阐述。在创业团队方面，围绕创业团队的意义，阐述其对创业的重要作用，由此延伸出创业团队的组建、管理与社会责任，进行进一步的剖析。"孤举者难起，众行者易趋"，每位成功的创业者背后都有一支强大的团队，创业者与创业团队对于成功创业来说缺一不可，唯有每一个成员团结协助、各司其职、各尽其责，才有利于团队寻求最大公约数，绘制最大同心圆，实现真正创业。

第 7 章，创业资源。首先，在创业资源方面，该章主要从创业资源的内涵与种类、创业资源的作用（尤其是社会资本、资金、技术及专业人才在创业过程中的作用）、影响创业资源获取的因素、创业资源获取的途径与技能四个部分展开叙述。其次，在创业融资方面，该章主要从四个部分进行阐述说明，即创业融资分析、创业所需资金的测算、创业融资渠道与创业融资的选择策略。最后，在创业资源管理方面，该章从针对不同资源的创业资源开发、有限资源的创造性利用和创业资源开发的推进方法这三个部分对创业资源进行更深一步的剖析。创业资源、创业融资和创业资源管理三者相互作用、相互影响，深刻理解这三者是学习并运用创业资源的基础。

第 8 章，创业计划。通过该章的教学，学生可以了解创业计划的概念及作用及其对于新企业创办的重要性，学会撰写创业计划。该章主要内容包括创业计划书的基本结构、编写过程及所需要的信息、市场调查内容和方法、创业计划书的展示技巧及新企业的创办过程（注册、相关文件的编写、法律与伦理问题、人员及组织结构说明、选址策略和技巧、财务规划等）等，撰写团队为"挑战杯"大学生创业计划竞赛金奖团队获得者，以其亲身比赛经验，现身说法，在该章内容的撰写上除了一如既往地使用潮商例子之外，重点突出实用性，解读创业计划书的撰写与展示，带给学生真正实用且直接的创业知识。

第 9 章，新企业的开办。创业者在确定创业意图、完成创业团队组建、准备完毕创业资源后，创办实体企业成了创业成功的最后一阵东风。该章主要阐述了企业成立所需考虑的问题和注册程序，以及企业成立后的生存运营。企业的成立须确定企业组织形式、企业建设地址，须进行工商登记，查阅相关法律规避法律障碍，以正确编写企业注册文件，最终成立企业。企业组织形式可分为独资企业、合伙制企业和公司制企业（有限责任公司/

股份有限公司）三种形式，该章讲述了各组织形式的优缺点和决定企业组织形式的主要因素，并详细罗列了企业工商登记办理流程、企业注册相关文件的编写、注册企业必须考虑的法律以及新企业选址策略和技巧等内容。新开办企业生存与运营，需综合考虑如何生存、如何管理以及如何控制风险等问题。最后，该章指出了微型企业、一般规模企业、大型企业管理模式的区别，并结合案例讲述了企业在生产经营过程中对不确定因素造成的各种风险的控制与化解方法。

1.3.2 主要研究方法

本书主要以马克思主义关于人的全面发展学说、创造力开发理论、马斯洛需要层次论、系统科学理论、人力资本理论、企业生命周期等理论为指导，以文献查阅法、问卷调查法、案例分析法等为主要研究方法。

第2章 创业与职业生涯规划

2.1 创业的定义、要素与类型

2.1.1 创业的定义

21世纪以来，创新与发展成为新时代的主旋律，创新创业的观念意识已经在众多人心中留下了深刻的印象。创新创业可以让我们把知识的空间发挥到极致，可以让我们打造充实美好的未来，也可以帮助我们实现人生的价值。"一千个读者就有一千个哈姆雷特"，不同的人对创业的理解会不一样，他们的目的也会不一样。但是无论我们从哪一个方面去定义创业，我们期待的都只会有一个结果，就是成功。我们得清楚地认识到，无论是在国外还是在国内，创业过程的重要性远远高于创业结果的重要性。

管理大师德鲁克认为，任何有创新意愿和面对风险决策的人都可以通过教育、学习成为一个创业者，并可以具有创业精神和企业家精神。创业的道路离不开创新，当然也离不开与时俱进。无论是大学生创业还是社会人士创业，他们对创业的定义不能局限于创办企业和价值，而应该更多地强调创业能力和创新精神的鼓励与培育，让社会、高校、大学生意识到任何时间、地点、行业都可以创业。只有这样，才能为创业提供良好的土壤。因此，创业是一个不断发展的概念。不同的学者根据研究的方向和不同的理解，对创业给出了各自的定义。

1. 国外学者的观点

Timmons（1999）认为，创业是一种思考、推理和行动的方法，它不仅要接受机会的困扰，还要求创业者有完整缜密的实施方法和讲求高度平衡技巧的领导艺术。

Shame 和 Siropolis 把创业定义为：创业者根据自己的思想和努力工作来开创一个新企业，包括新公司的成立以及新产品或新服务的提供，来实现创业者的理想。目前，国外学者对创业的定义的研究多种多样，广泛涉及众多方面的创业因素和条件。创新创业教育水平的提升和国家创新能力的提升一样，都需要一定的发展阶段和过程，该发展过程与其经济体制、经济发展水平、制度创新程度和公民社会素质密切相关。因此，需要一个长期积累，循序渐进，以及高校、社会和企业互动契合、不断深化的过程。

2. 国内学者的观点

郁义鸿认为："创业是一个发现和捕获机会并由此创造出新颖的产品、服务或实现其潜在价值的过程。"在他看来，创业必须要贡献时间和付出努力，承担相应的财务的、精神的和社会的风险，并获得金钱的回报、个人的满足和独立自主。

在创业成功者徐欢眼中，创业更像一场无限游戏，永远不可能快速获得成功。创业者在创业中需要思考如何发展得更好，突破边界，延续游戏，背离当下满足，坚持长期原则。

雷家铺等强调创业的目的在于获得利润。在他们看来，创业就是"发现、创造和利用商业机会，组合生产要素，创造自己的事业，以获得商业成功的过程或活动"。

杨艳萍在《创业学》中对创业的定义是："广义地讲，创业泛指在各个领域开创事业并且在特定领域内造成较大的影响，一般强调关系到国际民生的事业。"

将目光放到广大民众身上，创业是最好的就业之一。就业是民生之本，创业是就业之源。一大批创业者成功创业，在实现他们个人人生价值的同时，更为众多的普通劳动者创造了就业岗位。

也有学者认为，对于一个没有任何社会创业经验和经历的大学生来说，创业的个体价值应该大于经济价值，教育意义大于经济效应。因此，对大学生而言，创业是他们建立自己的创业认知，并在创业实践中融入认知、重塑强化的过程。

综上所述，国内外专家、学者对创业的定义各有侧重，其中也有相对一致的观点，即创业需要投入时间与精力；创业是一个创造价值的过程；根据市场需求发现商业机会；创业需承担相应的财务、精神和社会等方面的风险；创业可能给创业者带来丰厚回报、个人满足和自主性等。目前，高校进行的创业教育，其主要内容包括创业精神、创业意识、创业道德、创业知识、创业技能、创业心理等，这里的创业泛指开拓性行为，主要是指自主创办企业。

2.1.2 创业的要素与类型

综合国内外学者的观点，可以把创业定义为：创业是创业者在不确定的环境中，把握创业机会并有效整合创业资源的创新性经济活动。这一概念的基本要素如图 2-1 所示：

风险性

创业是在一个不确定的环境中
进行的，具有各种风险。

机遇性

创业始于机会的识别，只有识别并把握创业机会，
形成创意，创业活动才能展开。

资源性

创业是针对创业机会进行的有效整合各种创业
资源的过程。没有人力资源、财务资源、技术
资源等创业资源的有效整合，创业机会也不能
成为具体的创业活动。

创新性

创业是创造性活动，需要创业者在市场开拓、产品
生产、技术改进和业务模式等方面不断地进行探索
和创新。创新是创业活动的本质，贯穿于创业活动
的全过程。

经济性

创业是一种经济活动。创业过程是一个
价值创造的过程，也是一个价值实现的
过程。创业者通过价值创造以及价值实
现，从而获得经济利益。

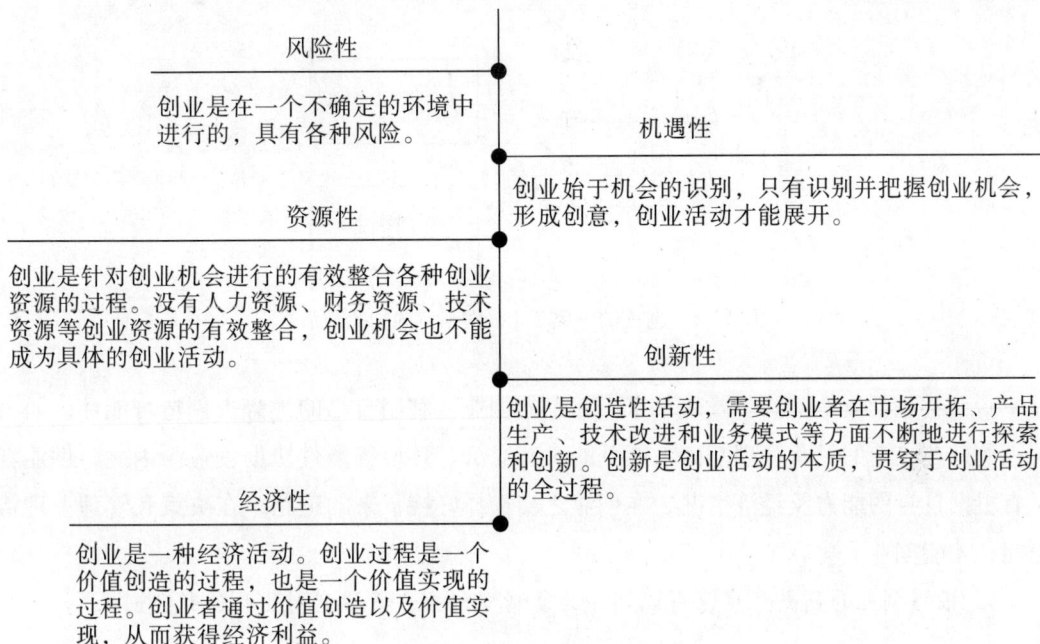

图 2 - 1　创业的基本要素

　　创业是一个不断发展变化的过程，不同的时代、不同的领域、不同的个人和团体，都会有不同的创业活动，而创业者对创业活动的特殊作用一直是备受关注的话题，可以从以下角度对创业的类型进行划分。

　　1. 根据创业的主体数量，可以划分为个体创业和团队创业

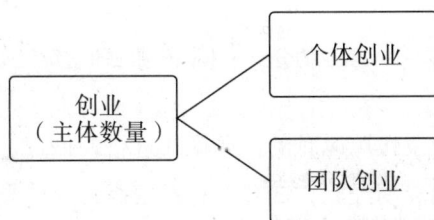

```
                          ┌─────────────┐
                          │   个体创业   │
        ┌──────────┐     └─────────────┘
        │   创业    │
        │（主体数量）│
        └──────────┘     ┌─────────────┐
                          │   团队创业   │
                          └─────────────┘
```

图 2 - 2　创业的分类 1（根据创业的主体数量）

　　个体创业的主体是单独的创业者；而团队创业的主体是由两个或两个以上创业者组成的团队。一般在一个企业的创始之初，都有一个创业团队的支持。Hill（1997）指出创业者的社会网络对机会识别相当重要，而且通过实证检验，他发现拥有大量社会网络的创业者与单独行动的创业者在机会识别上有显著的差异。因此，在创业之初认识到创业的范围及实际能力是十分重要的。

2. 根据创业的初始性质，可以划分为新创企业创业和公司创业

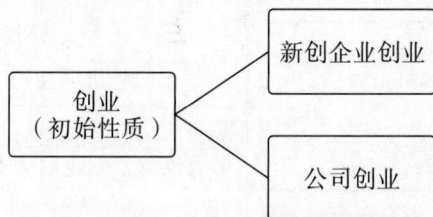

图2-3　创业的分类2（根据创业的初始性质）

新创企业创业是初始阶段或基于零起点的创业，利用自己的优势去创造可能性；而公司创业是在之前的经营管理基础上展开的，有经济、环境等条件协助创业。因此，创业者只有根据自身的能力及经济情况，在创业之初选择好接下来的道路，在决策和管理上理清思路，才能创业成功。

3. 根据创业的创新程度，可以划分为复制型创业、模仿型创业和创新型创业

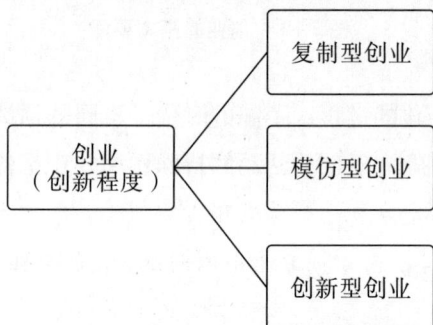

图2-4　创业的分类3（根据创业的创新程度）

复制型创业是创业者完全按照原有的业务模式进行的创业，这种模式可以绕开前人走过的一些弯路，有可复制的成功经验，成功率相对较高；模仿型创业是创业者通过模仿他人的业务模式而展开创业，但这种模式风险系数较高，有利有弊，因为潮流一直在变，创新创业的道路也不断发生改变，我们无法预测明天会怎样；创新型创业是创业者通过识别机会、整合资源，形成独特的业务模式的创业，这类创业者类似先行者，可以引领众人对潮流的追随，影响力极大，是创新创业中的引领者和佼佼者。因此，创业者在创业之初应深思熟虑，选择适当的发展道路与模式。

除了以上几种划分方法，国内外学者也从其他视角对创业进行了不同的分类。

2.2　广义的创业教育与狭义的创业教育

2.2.1　创业教育的起源与内涵

1. 创业教育起源

创业教育这一概念在 1947 年由美国学者迈尔斯·梅斯（Myles Mace）首次提出，而后创业教育逐渐在各国生根发芽。20 世纪 70 年代末，在联合国教科文组织的倡导下，我国的创业教育开始发展起来。在"大众创业，万众创新"的时代背景下，越来越多的人投身创业热潮，但真正创业成功的人却是凤毛麟角。究其原因，这与创新创业教育的发展现状息息相关。现阶段，我国的创业教育发展前景广大，但发展速度缓慢，这与国内创业教育体系和政策的完善程度、成熟度有关。创业教育之于创业者犹如导航之于迷失方向的探险者，因此，在创业之风盛行的今天，创业教育发展尤为重要。

2. 创业教育的内涵

1995 年，联合国教科文组织对创业教育的内涵作了全面的阐述，即创业教育包括求职和创造新岗位两个方面的内容。对于创业教育的内涵，国内外学者说法各异。有学者认为，创业教育以创业能力的结构化、正规化培养为目标，涉及人的发展、社会的进步，其既是一种思想、一种观念，也是一种知识、一种技能，更是一个整体、一个系统，是一种培养个体创业能力的社会活动。还有学者认为，创业教育是指充分挖掘学生的潜能，以开发学生的创业基本素质、培养学生的创业综合能力为目标的教育。而美国考夫曼企业家精神研究中心将创业教育定位于向个体教授理念和技能以使其能识别被他人忽略的机会，勇于做他人所犹豫的事情，包括机会认知、风险性的资源整合、开创新企业和新企业管理等。笔者认为，创业教育本质上是培养学生的创业素质，即创新能力、挖掘资源的能力、整合资源的能力等，并使其实现某种价值的活动。

2.2.2　广义的创业教育与狭义的创业教育

创业教育是适应我们的经济社会与国家发展战略的需要而产生的。在为国家培养出一批又一批创业人才的同时，它自身不断地优化、发展，也逐渐出现了广义与狭义上的区分，即创业教育包括广义的创业教育和狭义的创业教育。

1. 广义的创业教育

广义的创业教育，是从一个相对较为广泛的范围来讲的。

广义的创业为具有创业意识，抓住创业机会，整理资源，组建团队，进行价值创业，开创人事事业。广义的创业教育对应广义的创业，为其培养具有相应能力的人才，帮助其在属于自己的行业中发光发热。通过各种途径及采取各种手段，去培养并提高各行各业的人员有效地发现、分析和解决问题的能力，主要目标是培养具有开创及创新意识的人才，即为广义的创业教育。它更加趋向于培养各行各业的人员的自我意识、团队意识、主动参与意识、责任意识、创新意识以及实干精神，为其未来的、终身的、自主的学习打下更为坚实的基础。

2. 狭义的创业教育

狭义的创业教育，相对于广义的创业教育，其对应的活动范围较为单一。

狭义的创业为具有创业意识，抓住商机，创办实业，进行商业贸易活动，创造经济价值。狭义的创业教育对应狭义的创业，为其培养具有商业能力的人才。狭义的创业教育经常会与培训联系在一起，其对象一般是一些即将踏入职业岗位或者已有从事职业的人群，特指帮助其增长创业相关的知识，学习识别、捕捉创业机会的技能，了解如何进行资源的整合与拼凑，通过学习创造出产品或者服务，从而培养其创造经济价值的能力。

2.3 创业过程与阶段划分

创业机会是指实现商业或事业目的的一切可能事件。它可以是已存在的客观事实，如全世界人民都需要粮食这一事实，可以为以开发食品工艺或监测食品安全等为目的的创业者提供机会。创业机会也可以是客观事实上尚未出现的主观预测趋势，如现今出现的合成生物技术是客观事实，而李嘉诚预测以合成生物技术为基础的植物肉和科技牛奶将拥有可观市场是尚未发生的。

2.3.1 创业机会的识别

一个可行的创业机会与商业机会基本吻合。它们都具有以下四个特点：稳定的市场需求；有效的资源和技能；持续利润回报或可预见的产品进展；产品或服务具备竞争力。为此，创业机会的识别除了某一事件是否符合创业者的创业目的以外，还应同时满足上述四个特点。

祖籍是潮汕地区的马化腾在开始创业前，在一家公司专注于寻呼软件的开发将近五年时间。多年的工作经验让马化腾认识到：软件开发的目的在于让软件实用，而非为开发者自娱自乐。秉承实用理念的马化腾决定研发 OICQ（QQ 的前身）。就 OICQ 本身，从机会识别的阶段上看，OICQ 与创立之初的腾讯的主项发展业务相互促进。另外，当时飞华、中华网等公司也有意向做即时通信业务，侧面显示 OICQ 这类即时通信工具具有发展前景。

OICQ 作为一款新研发软件，具有升级进步的巨大空间，也就意味着它具备了与同行业竞争的能力。因此，OICQ 的研发对于当初的马化腾而言，是一个商业创业机会。

2.3.2　创业机会评价

当一个机会出现时，并不意味着它一定适合创业者。所以，当机会来临时，创业者须对其进行风险评价，才能真正把握机会。一般而言，创业者会从以下四个方面分析面临的机会：创意和竞争力；市场和需求；创业者团队；资金和资源。

创意和竞争力，该评析目标是机会事件中的产品或服务。创业者需要了解产品是否具有发展空间、产品或服务所表现的创意能否满足顾客需求且这种需求一段时间内难以被替代、竞争这个机会的对手有哪些、对手的团队、资金实力如何等。

市场和需求，即有能力且有意愿购买产品或服务的顾客数量。市场与创业者的关系就好比海水和小船。只有海足够深、足够大，创业者这条船才可以做得更大。只有当市场具备一定规模时，创业者才有利可图。

创业者团队，即创业者的团队是否有足够的技术、技能解决将机会转化成利益的过程中产生的一系列问题。

资金和资源，即创业者是否拥有足够的启动资金或拥有稳定的资金来源，在一段时间内以应对获得机会后可能面临的资金问题。

2.3.3　资源整合与创业行为

顾名思义，资源整合就是把现有的资源与创业行为有条理地一一对应，以直观地反映出各类资源的去向，也方便创业者及时对项目进行查漏补缺和资源调动。创业行为包括但不限于创业方向的选择、创业机会的寻找与识别、创业机会的评价分析、财务资金的筹集、商业计划的制订、员工的招聘与管理、项目的运营与发展、合作伙伴的拉拢、客户的发展、企业战略的预测等一切为企业或事业运作成功为目的的努力。

2.4　创业教育与职业生涯规划

2.4.1　创业教育对职业生涯规划的意义与作用

1. 职业生涯规划的含义

在谈职业生涯规划的含义前，我们得先了解什么叫生涯和职业生涯。简单来说，生涯是指一个人的一生从始到终的整个经历。而"职业生涯"，更多的是指狭义的生涯（career）概念。职业生涯是指一个人一生中所有与职业相联系的行为和活动，以及相关的态度、价值观、愿望等连续性经历的过程，也是一个人一生中职业、职位的变迁及工作、理想的实现过程。

职业生涯规划（career planning）简称生涯规划，又叫职业生涯设计。职业生涯规划是指个人结合自身情况、眼前的机遇和制约因素，为自己确立职业方向、职业目标，选择职业道路，确定教育计划、发展计划，为实现职业目标而制订行动时间和行动方案，并对计划持续执行与反馈。

我们通过对职业生涯的主客观因素进行分析、总结和测定，确定自己的奋斗目标，并为实现这一职业目标，预先规划出符合自己特点的合理而又可行的职业生涯发展方向，并且通过有效的途径，不断提高自身专业发展所需要的技能，使自身的职业发展顺利进行。在这一过程中，我们需要及时调整，发挥个人的专长，开发自己的潜能，克服生涯发展困阻，避免掉入人生陷阱，不断修正前进的方向，最后获得事业的成功。总的来说，职业生涯规划是指一个人在他职业发展历程中的预期与计划。著名管理学家诺斯威尔曾指出："职业生涯设计就是个人结合自身情况以及眼前制约因素，为自己实现职业目标而确定行动方向、行动时间和行动方案。"所以对于大学生来说，职业生涯规划就是在充分了解自己的兴趣、爱好的前提下，认真分析当前环境形势，结合自己的专业特长和知识结构，准确定位职业方向，评估个人目标和现状的差距，对将来从事的工作所做的方向性的计划安排。

2. 职业生涯发展五阶段

前面我们已经阐述了职业生涯规划的含义，接下来我们就如何正确进行职业生涯规划来谈谈职业生涯发展理论。

我们要清楚：实践如果没有理论作指导，往往就会走很多弯路，而有理论作指导的实践往往会达到事半功倍的效果。下面就来看看美国职业生涯规划大师舒伯的生涯发展五阶段理论。舒伯把一个人的生涯发展从出生到死亡分为五个阶段，分别是成长阶段、探索阶段、确立阶段、维持阶段和衰退阶段，如图 2 - 5 所示。

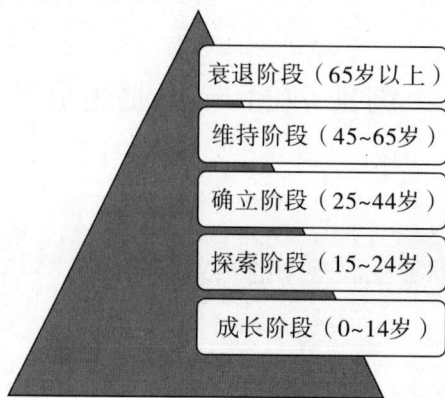

衰退阶段（65岁以上）

维持阶段（45~65岁）

确立阶段（25~44岁）

探索阶段（15~24岁）

成长阶段（0~14岁）

图 2 - 5　美国职业生涯规划大师舒伯的生涯发展五阶段理论

生涯发展的每一个阶段都有其特征和任务，如果前一个阶段的任务没有完成好，就必然会影响到下一个阶段的发展，从而给自己的职业发展带来阻碍。表 2 - 1 是各阶段的主要任务：

表 2 - 1　舒伯的生涯发展理论

阶段	年龄	主要任务
成长阶段（growth）	0 ~ 14 岁	认同并建立起自我概念及其相关的能力、态度、兴趣和需求，并逐步有意识地培养职业能力
探索阶段（exploration）	15 ~ 24 岁	对自己和社会加深了解，并通过学校学习和实践获得更多相关的知识和信息，进行自我检视、角色尝试、学校中的职业探索，形成自我概念和职业概念，完成择业及初步就业
确立阶段（establishment）	25 ~ 44 岁	通过经历尝试，找到一个合适的工作领域，并根据自己的工作经验谋求发展
维持阶段（maintenance）	45 ~ 65 岁	不断调整、开发新的技能，维护已获得的成就和社会地位，维持家庭和工作二者之间的和谐关系，并继续把工作做好
衰退阶段（disengagement or decline）	65 岁以上	由于体力和心理能力逐渐衰退，逐步退出职业和结束职业，减少工作中的权利和责任，适应退休后的生活

舒伯的生涯发展理论强调人生是不断发展的、动态的过程，大学阶段正处于职业生涯的探索阶段，并即将转入确立阶段，所以大学阶段对人的生涯规划具有承前启后的关键作用。因此，教师对学生进行生涯规划辅导时，不但要关注学生择业前的兴趣取向、与未来职业的匹配程度以及现阶段的专业特长，更要关注学生就业后的发展，关注学生为适应社会发展而进行的自我调控过程，从而让学生明白：职业发展是人的生命中的一部分，它是不断在发展的。学生需要不断进行自我认识，对自己的大学生活进行规划，不断提升自身素质，发现自我潜能，为更好地调控未来职业发展方向、适应社会需求及自身的发展需要打下坚实的基础。

3. 创业教育对职业生涯规划的意义与作用

教育事业不断发展和进步，大学生逐渐增多，随之而来的就业问题也越来越严峻。现在流行一句话"毕业即失业"，大学生就业问题也引起了相关部门的关注。针对大学生的就业问题，政府采取了一系列优惠政策鼓励其创业，高校则应对学生进行创业教育并对学生的职业生涯规划作出指导。

高校的创业教育方式以及对学生进行职业规划是培养人才、提高能力的一项重要任务，为毕业生就业奠定了良好的基础。毕业生如今面临着极其严峻的考验，大学生数量不断累积增加，在这种情况下，各高校纷纷对大学生进行创业教育，激发大学生积极创业，并指导大学生进行职业发展规划。

众所周知，大学生在日趋激烈的竞争环境下难以获得自己满意的工作，许多大学生没有明确的职业规划，对自己的职业生涯知之甚少。然而大学生作为受过高等教育的人群，受到各方面的关注，社会需要大学生去建设发展。高校作为培育人才的摇篮，要根据市场需求，对学生进行创业方面的教育，系统地对学生进行职业生涯规划课程的教育，增强学生对自身的认识，让学生在了解自身的情况下有针对性地规划好自己的职业生涯。由此可见，对大学生进行创业课程的指导是十分必要的。因此，高校应该对大学生职业生涯规划课程进行创新改革，为大学生提供实际有效的帮助。

创业教育可以增强大学生自我认知的敏锐性，促进大学生主动进行职业探索，提升职业生涯发展的高度和广度，还可以提升大学生的专业技术能力。

（1）发展创业教育是时代的需要、历史的必然。

进入21世纪，面对激烈的国际竞争，我国迫切需要建设创新型国家，增强国家总实力，摆脱不平等、不公平的国际分工。建设创新型国家的首要问题在于全社会培养创新精神；关键环节是使企业成为创新主体；核心要素是造就大批创新型人才，而创新精神的培养、企业创新主体地位的确立、创新型人才的造就在很大程度上都依赖于创业教育。从国际和国内历史经验来看，企业在创新体系中具有重要的作用。中国在计划经济体制下主要依靠政府、科研院所和高等院校来推进技术创新，但随着市场经济体制的建立和逐步完善，企业在自主创新中发挥着越来越重要的作用，而企业的创立和发展更是离不开创业教育。

"教育部门要开展创业教育"是近年来我国政府明确提出的要求。大学生创业教育是"解决就业问题、构建和谐社会的重要措施，是建设创新型国家、促进经济发展的必然要求，也是促进学生实现人生价值的有利条件"。我国政府和国家领导人一贯重视对青年学生进行创业教育。《国家中长期教育改革和发展规划纲要（2010—2020年）》中明确要求"加强就业创业教育和就业指导服务"。2011年的《政府工作报告》中也提出"提高教育质量，增强学生就业创业能力"的要求。

（2）发展创业教育是当前思想政治工作的重要内容。

思想政治工作是以人为对象，解决人的思想、观点、政治立场问题，提高人们思想觉悟的工作。它的根本任务和目的就是要用人类最先进、最科学的世界观和方法论去教育人、启发人、解决人的立场与思想问题，帮助人们树立正确的世界观、人生观和价值观，不断提高人们认识和改造世界的能力，从而激发人们的工作热情。高校的思想政治工作就应该以大学生为对象，解决学生的思想、观点、政治立场问题，提高大学生的思想觉悟。

中共中央在《关于加强和改进思想政治工作的若干意见》中明确指出，要把理想信念教育作为思想政治工作的核心内容。高校的思想政治工作也应该关注大学生的理想信念。

目前，"创业"成为高校大学生讨论的中心话题，我们就可以把这当作大学生思想政治工作的切入点。在深入分析面临的新情况、新问题的基础上，不断开拓创新，努力与解决实际问题相结合，正确地引导和疏通学生的思想与认识。当前，大部分大学生的创业活动形式十分单一，缺乏多样性、系统性，主要表现在：一方面，目前大学生的创业项目技术含量较低，大学生的技术优势不能得以展现，经验不足。另一方面，国家创业师、创业导师资质认证专家团首席专家赵延忱说："现在，大学生创业，视野太窄，思路太少，创业不够，这是普遍现象。"很多计划和准备创业的人都坦言，他们希望专家和业内人士能够给一些有用的指导，让他们最大可能地避免上当受骗，尽量少走一些弯路。高校如何应对这些困扰大学生的普遍问题？那就要将创业教育作为当前思想政治工作的重要内容。只有这样，才能真正体现高校思想政治工作以大学生为对象，才能将思想政治工作做得更恰当、更适宜。

（3）发展创业教育可以缓解就业压力。

随着高等教育大众化进程的加快，当前大学生就业形势日趋严峻，大学生毕业即失业的现象已不鲜见。大学生一味等待就业机会的来临，而非积极地创业和开拓事业，在就业状态下，将挤占社会部分岗位资源，加剧整个社会的就业负担；在失业状态下，将会造成智力资源的极大浪费，同时会延缓高等教育大众化的进程。国外的经验表明，有效实施创业教育，可以培养和造就数以百万计有创业精神和创业能力的小型企业家，这既可增强国家经济活力、促进社会经济发展，又可优化人力资源配置、缓解社会就业压力。随着高校创业教育的不断深入与发展，创业教育的成果将有益于大学生"就业难"问题的解决，以及未来职业的宽口径发展，让大学生的职业发展道路从"单行道"转向"宽带"。"从某种程度上说，创业是更高层次的就业，无论是实际的创业行动上还是理念上的革新，对于接受创业教育的大学生而言，都是收获。"一位 KAB（国际劳工组织为培养大学生的创业意识和创业能力而专门开发的教育项目）学员如是说。

创业教育是在意识、思维、潜能中埋下一粒种子，期望它在适合的环境中破土而出。创业教育让大学生拓展了视野，将创业作为一种职业选择，不再为了就业而就业。

（4）创业教育有利于大学生实现自身价值。

当代大学生更加关注个性化发展，越来越多的学生以创业为目标，追求在最大程度上发展个性、实现自身价值。同时，面对激烈的就业竞争压力，不少学生为拓展将来职业发展空间，在夯实理论知识、掌握基本技能的同时，迫切希望学习一定的创业知识，培养创业能力。这就要求高校在进行传统的就业教育的同时，还必须开展创业教育，注重激发学生的创业欲望，培养其创业素质。只有这样，才能使大学生具备竞争能力和生存能力，既可以去寻找合适的就业岗位，又能够在为了寻求更好的自我发展机会时走向自主创业的道路。因此，开展创业教育也是大学生谋求生存、促进自我发展、实现自身价值的需要。

综上所述，在 21 世纪的今天，我们应该大力发展创业教育来推动创新型国家的建设，提高大学生的思想觉悟，缓解大学生的就业压力，从而更有利于大学生实现其自身价值。

2.4.2 创新型人才

1. 创新型人才的定义

创新是一个民族的灵魂，是一个国家兴旺发达的不竭动力，更是人类社会进步的一种推动力，没有了这种推动力，人类社会就会停滞不前。创新意识是人类所共有的一种潜意识，只有注意后天的培养和开发，才会形成创新能力。创新能力的形成和发展需要一个良好的环境，这个环境主要来自家庭、学校和社会。其中，学校教育尤为重要。

创新型人才是指富有开拓性，具有创造能力，能开创新局面，对社会发展做出创造性贡献的人才。他们通常有着灵活、开放、好奇的个性，具有精力充沛、坚持不懈、注意力集中、想象力丰富以及富有冒险精神等特征。创新型人才是人类优秀文化遗产的继承者、最新科学成果的创造者和传播者以及未来科学家的培育者，表现为以下五个方面：

（1）有很强的好奇心和求知欲望。

（2）有很强的自我学习与探索的能力。

（3）在某一领域或某一方面拥有广博而扎实的知识，有较高的专业水平。

（4）具有良好的道德修养，能够与他人合作或共处。

（5）有健康的体魄和良好的心理素质，能承担艰苦的工作，需要具备人格、智能和身心三方面基本要素。诸如，基础理论扎实、科学知识丰富、治学方法严谨、勇于探索未知领域，同时具有为真理献身的精神和良好的科学道德。

建设创新型国家，科技是关键，人才是核心，教育是基础。要树立人才资源是第一资源的观念；要完善培养体系，不拘一格选用人才，加紧建设一支宏大的创新型科技人才队伍；要推进市场配置人才资源，有效提升我国人才和人力资源综合开发水平，努力形成人才辈出、人尽其才的新局面。

2. 创新型人才的特征

党的十八大以来，习近平总书记把科教兴国、人才强国和创新驱动发展战略摆在国家发展全局的核心位置，高度重视人才工作，提出一系列新思想、新论断、新要求。时代呼唤人才，人才推动时代，而要建设创新型国家，最主要的还是人才，尤其是创新型人才，这也是国与国之间在竞争中获得并维持优势的关键所在。随着科技革命的开展和知识经济的迅速崛起，创新已成为时代关注的焦点。创新型人才这一概念自然也就有了更深刻广泛的延伸与拓展。与此同时，创新型人才也表现出其不同的基本特征，目前我国培养的创新型人才应该具备以下三个基本特征：

（1）拥有敏锐的创新思维。

一般来说，创新型人才具备思维方式的灵活性、逻辑性和独立创造性等良好的思维品质，善于将知识的运用和实践的操作融合到一起，之后进行思考、分析，最终解决问题，但不是所有的创新型人才都能在大多数社会、学术领域中取得显著的成果，绝大多数创新型人才是专注于某特定领域，通过创新思维发现资源、整合资源并取得成就。对于一个成熟的创新型人才来说，其最显著的标志是具有卓越的创造力，而创造力的核心是能够活跃并发散创新思维，这样才能保证在对事物进行分析时做到另辟蹊径。

（2）拥有深厚的创新积累。

创新积累是指在创新过程中对于知识、技能、思想等多方面的积累，也是进行创新活动获得的首要前提。其内容包含知识积累、思想积累和实践积累，对于创新型人才来说，这三方面的创新积累内容是必不可少的内涵素养，也是实现知识向现实生产转化的活力。知识积累是创新积累最重要的要素之一。离开知识，创新将无从谈起。因此，创新型人才必定要重视知识的积累；创新，必须要解放思想，解放思想，必须要创新思想观念；创新思想观念，必须要积累思想认识。这也是创新型人才发展的引导方向。实践是检验真理的唯一标准，没有实践经验作为基础保障，无论提出哪种观点，都必然是空泛的、缺乏根据的。

（3）拥有科学的创新能力。

创新能力是指创新型人才在创新精神和创新意识的引领下，能根据各种创新信息的汇总反馈，稳稳地抓住创新机遇，并对事物的构成状况、发展趋势做出了解和预测的能力，这也在创新中起到决定性作用。而科学的创新能力主要由两方面构成：一是能够找到问题根源的能力，二是解决问题的能力。善于发现并提出问题是创新能力的源头，解决问题是指艰苦卓绝、持之以恒地完成有价值、有意义的创新设想的能力，实质上也是一种实现创新成果的能力。对创新型人才来说，他们必须具有刻苦耐劳、务实求真的工作作风，不违背事物发展的客观规律，根据自身所拥有的科学的创新能力，从实际角度出发进行创新探索研究。

改革开放四十多年来，我国实现了政治、经济和科技水平等多方面的提升，也从提升的过程中得出了一个硬道理——要想建设世界一流强国，必须牢牢把握创新型人才这个关键点，在创新实践中识别人才，根据新时代创新型人才的显著特征来识别人才，并提倡在实践中培养创新型人才。人才资源必须放在社会实践、科学实践的首要位置，坚持以创新型人才引领时代发展，并要密切关注企业、学校、社会等人才聚集地中创新型人才的挑选，建立完善的用人机制，汇聚各方面创新型人才资源。

3. 潮商创业精神促进创新型人才的培养

（1）培养创业者精打细算的能力。

在这个人才济济的时代，经商首先必须要有一个十分精明的头脑，而潮汕商人的精明在全国乃至全世界都是赫赫有名的。数千年的潮汕本土文化孕育了一批又一批潮商，这些潮商凭借"算盘扣到无子"（计算得太多，算盘的子都给打没了）的克勤克俭能力，"小小生意能发家"，并在之后的经营活动中认真对待，在利润面前锱铢必较，因此他们能在竞争激烈的商业道路上稳步前行，哪怕是在利润微薄的行业（如手工业）也能站稳脚跟。潮商在做生意方面很灵活、不死板，而且更注重现金流、"钱生钱"的经商模式，这种特点也让潮商学会了严谨的财务管理方式和经营技巧，成为潮商驰骋商海的一大利器。

（2）培养创业者创新探索精神。

潮汕俗语"肚困胆住大"广泛流传于民间，意思是人们肚子饿了，要求得生存，胆子就得大，也可以说潮商的胆量是被"逼"出来的，为了生存，为了发展，他们勇于摆脱困境，敢于与生活压迫做斗争，凭借着潮汕临海的地理位置优势，发挥着自身敢于拼搏的冒险精神。无论是在潮汕地区从事海事贩运还是到南洋开垦拓植，这都有效地促进了潮汕人经商事业的成功。"爱拼才会赢"，潮商的爱拼精神其实就是一种敢于冒险的创新精神、对未知领域进行探索及开拓的精神。因此，培养人们创新探索精神，拒绝墨守成规，敢于突破现有的思维框架而且乐于尝试及创造出新的模式是必要的。

（3）培养创业者诚信观念。

在热衷于经商、擅于经商的潮汕人心目中，商人最应该信奉的基本信条就是"老实终久在"，因而"诚信为本"也成为传统潮商最大的特点。现存于苏州的清初《潮州会馆碑记》记载，潮商"公平处事，则大小咸宜；忠信相孚，则物我各得"。潮汕人讲究"信用立市"。每一个成功的潮汕商人，都把诚信放在首要考虑的地位。李嘉诚曾经说过："不论在香港还是在其他地方做生意，信用都是最重要的。一时的损失将来还可以赚回来；但损失了信誉就什么事情也不能做了。"在做生意面前，就应追求"行情甲天下"（公认价格合理），拒绝"老铺少绌人"（缺斤少两的生意做不长久）。诚信品质深深地扎根于潮汕人心中，人们真切明白诚信给个人带来的优势和不诚信给个人造成的危害。

（4）培养创业者团队合作精神。

潮汕人素来有着团结互助的传统，对于亲缘关系、乡缘关系、宗缘关系也十分重视，且潮汕人之间的互相关照、互相解济危难是著称于世的。在外听到谈论潮汕人最多的一个词语莫过于"家己人"。正如字面解释，自己家的人，潮汕人能把同乡人当作自己家的人，这三个字蕴含着深厚的乡土之情。因此，在外"家己人"看到"家己人"总是感到格外亲切。"相牵掼，正有伴"（互相拉扯，才能共同进步），所以"家己人"总是分外团结，当"家己人"遇到困难的时候，其他"家己人"总会义无反顾地帮助其脱离困境。对于"家己人"深层的思想，大多数外地人是难以理解的。目前，在世界多地都有各种互助性质的潮人团体，数量已经有300多个，而这些团体更通过"国际潮团联谊年会""国际潮商经济合作组织"和"潮商大会"等组织敦睦乡谊，共谋发展。

（5）培养刻苦耐劳的精神。

提起潮商，精明务实、不怕苦是他们的重要标签。他们因善于经商，努力打拼，被世人誉为"东方犹太人"，并使潮汕地区成为中国传统商业气息最浓厚的地方之一。"汗加目汁少"（汗水流多了，就不会因为贫穷而掉眼泪），李嘉诚在接受新闻媒体采访时，谈到了自己成功的因素："逆境的时候，你要问自己是否有足够的条件。当我身处逆境的时候，我认为我有足够的条件，因为我勤劳、节俭、有毅力，我肯认真，肯建立信誉！"在李嘉诚认为的成功因素中，他把勤劳放在了第一位，年少时努力打拼，白天认真工作，夜晚挑灯夜读，凭借着这种肯吃苦耐劳的精神，在各种复杂恶劣环境中生存，一点一滴地积累经验、资本，通过积极创业探索，风雨过后见彩虹，最后印证了"铜钱出苦坑"的俗语。

第3章　潮商与潮商创业精神

3.1　潮商的定义

  潮商，在教材中指的是潮汕商人，因历史变迁、地缘变化，潮商的定义可以从潮人的范畴来定义。潮人，不单是指现在的"潮州人"，更大范围来讲，是指潮汕人，究其历史，潮人的祖先是中原汉人的后裔，始于秦汉，从中原地区，途经江西、福建，定居于潮汕平原。而后，为谋生计，潮汕人只身下南洋，走向全世界，因而潮汕人有本土潮汕人和海外潮汕人。当前的潮汕人，主要指潮州、汕头、揭阳、汕尾及梅州丰顺部分地区的人。从地域方面来讲，潮商可以大致定义为潮汕地区的、祖籍为潮汕地区的商人。从商帮文化来讲，潮商与晋商、徽商并称中国近代三大商帮。

3.2　潮商的历史发展

  从地图上看，潮汕平原的地理位置独特，三面环山，一面朝海，造就了潮商漂洋过海、泛海经商的地理基础。从历史角度看，潮商始于唐代，起于宋元，兴于明清，从近代到中华人民共和国成立、改革开放，长盛不衰，数百年连绵不绝。从贸易的地图轨迹来看，潮商经历是从中国大陆南北商贸，沿着海上丝绸之路，走向东南亚，以至欧美各国，最后遍布全世界的由内而外的发展变迁，主要可以分为以下几个历史时期。

3.2.1　始于唐末，起于宋元

  唐代后期开始，潮州地区（古潮州府）已有对外远洋贸易的历史，潮商在这个时候就开始对海外生产销售陶瓷，开启了潮商泛海经商的历史。如潮州陶瓷生产，在唐代以后有了很大的发展，潮州城北郊的上埔、南郊的洪厝埔和西郊的凤山等地都曾发现瓷窑，并有瓷器出口外销。

而潮商真正开启对外贸易是从宋元开始的，这个时候，潮州对外交往更趋频繁，《宋史》中关于潮州"岸海介闽，舶通瓯吴及诸蕃国"的记载为潮商的发展提供了证据。当时潮州笔架山窑是著名的陶瓷窑，其生产的瓷器曾销往东南亚国家，是当时中国陶瓷出口基地之一。到了元代，据饶宗颐《潮州志·交通志》记载："元时三佛齐（今印度尼西亚巨港）已有闽粤人足迹。"后期的考古，在潮州市笔架山发现并挖掘了古代烧制陶瓷的龙窑，究其原因，是远离政治中心和北方战乱，使潮汕地区成为大量中原移民的落脚点。劳动力的大幅增加为地区营造稳定的农业以及经济环境提供了坚实的基础，逐步形成了以韩江流域为中心的闽粤赣边经济区。加上"贸易商品种类齐备、潮州拥有众多海外侨民"等商业历史和人文优势，潮商得以在宋元开始走向兴盛。

3.2.2 明清时期，文化印记

明代的潮商，素来有被定义为"亦商亦盗"的传统说法。明代为打击倭寇、海盗等，实行了严厉的海禁政策，在这种情况下，广东的对外贸易主要分为官府直接控制的贡舶贸易和私商经营的市舶贸易两种方式。私商贸易在明初和中期被视为非法贸易。明代中叶以后，随着贡舶贸易的日益衰落，"广东民多挟大舸入海，与夷市""有力则私通蕃船"成为普遍现象。加上在巨大商业利润的驱动下，潮人私人海上贸易逐渐抱团，并逐步组建海上武装，采取武装手段乃至联合倭寇势力来对抗朝廷和官府。其中比较出名的有吴平、林道乾、张链等。在当时，他们"亦商亦盗"，因此也被称为海盗集团。然而，潮商的海上集团无论在实质还是形式上，与杀人越货的一般海盗和倭寇都是有根本区别的。之所以称之"亦商亦盗"，主要是因为海上贸易与当时政府的海禁政策相违背，而在巨大贸易利润的驱使下，潮商不得不组建海上武装集团对抗官军。在兴盛的海上贸易中，潮人或是开展海上贸易，或是迁徙海外定居，这也更加奠定了潮商海洋性质的特征和文化。

直至后来，清康熙二十三年（1684）开海禁，清政府发给内地商民前往暹罗（今泰国）买米造船印照，潮人终于获准领照到暹罗购买大米和木材，"粤东通洋总汇"——广东澄海樟林港建成，"海上丝绸之路"基本形成，交通航线上至北方的天津，中至海南，下至越南、暹罗、马来西亚等东南亚各国，形成了海上贸易的黄金水道。此外，潮商文化的发展与造船业的兴起息息相关。明代以来，造船业不断发展。到了清代，一种高桅的大型木帆船，因船头油饰成朱红，被潮汕人广泛称为"红头船"。潮商从此走进了"红头船"时代。如今，"红头船""海上丝绸之路"已经成为潮商创业精神的文化印记和特征。

3.2.3 近代潮商，爱国爱乡

两次鸦片战争之后，汕头开埠，取代樟林港成为粤东出海总汇，成为新的通商口岸，近代潮商开始崛起。1858年恩格斯在《俄国在远东的成功》中指出，汕头是远东"惟一有一点商业意义的口岸"。在这一时期，汕头的商业贸易和金融得到前所未有的发展，一种具有高度信用、类似于山西晋商票号的"七兑票"制度应运而生，而潮商也凭借汕头开埠、潮汕濒临南海的优势和海上交通的便利，逐步从内地发展到沿海再到海外，并经营南北货物，加强与南洋各国的货物流传。这一时期的潮商除了经营贸易外，大量地走向海外，或工或商，开启史上最大规模的海外迁徙，产生了一个个潮人熟知的名词——"过番""华侨"等。另外，以诚待人、再次树立潮商诚信经营形象的"侨批""水客"等，也成为当时的时代潮词，成为潮商历史研究的名词。这一时期还产生大量的潮商名人领袖，如马来西亚华侨领袖陈旭年、潮汕侨乡近代华侨第一大家族——陈黉利家族等。如今，在广东省汕头市澄海区隆都镇，著名潮商陈慈黉发家后兴建的住宅——陈慈黉故居仍保存完好，潮汕还流传着陈慈黉故居的一句谚语"慈黉起厝——慢工出细活"（起厝，潮汕话，建房子的意思），彰显当时其家族的显赫。这一时期涌现了一批爱国救国的潮商代表，如支持辛亥革命的爱国侨领林义顺、积极组织捐献抗日物质的爱国侨领蚁光炎等。潮商爱国爱乡、心系家国的伟大情怀，逐步成为潮商精神的文化源泉。

3.2.4 中华人民共和国成立到改革开放，勇当先锋

中华人民共和国成立以来，在中国共产党的领导下，人民当家作主，取得了一系列令世界瞩目的成就。改革开放四十多年，特别是党的十八大、十九大以来，中华民族在党的领导下，以习近平新时代中国特色社会主义思想为指导，逐渐走向世界舞台的中央，走向民族伟大复兴中国梦的康庄大道，经历了从站起来、富起来到强起来的伟大历程。

这一时期，潮商与社会发展的经济热点息息相关。老一辈的潮商代表有爱国金融家、著名侨领庄世平，爱国实业家谢易初（正大集团总裁谢国民的父亲），香港潮属社团总会创会主席陈伟南，香港亚洲电视名誉主席林百欣，钟表大王庄静庵，"超人"李嘉诚，中国麦片之父"金味麦片"庄坤平等。中生代的潮商代表如正大集团总裁谢国民、腾讯首席执行官（QQ创始人）马化腾、奥飞动漫创始人蔡东青，新生代潮商、创业者代表如豌豆荚首席执行官王俊煜、大学生兼职招聘平台兼职猫首席执行官王锐旭、礼物电商礼物说创始人温城辉、ZAKER创始人李森和等。百年潮商，绵延不断，代代有翘楚，不断传承。

这一时期的潮商既能抓住世界和中国经济的发展形势，又彰显着"商者无域"的文化特点。从潮商的发展起步来看，潮商无不经历从0到1，从小到大、广、强的过程；潮商的发展领域主要从单一走向多元，这种发展并非漫无目的的全面出击，而是沿着一条主线，有目的、不断衍生的经济领域发展；从潮商发展进程来看，潮商敢于承担风险，不断开拓新的领域，但在承担风险的同时，体现的更是创业者稳打稳扎、稳步前进的发展思路。一代爱国侨领、潮商领袖庄世平创办南洋商业银行，由1949年创办时仅18个员工和借贷1万美元起家，发展成为拥有50家分行、员工2 000多人、总资产达733亿港元的实

力雄厚的现代化商业银行老板；又如爱国实业家正大集团创始人谢易初，终身以农业科技发展为己任，往返于中国与泰国之间，白手起家，从经营菜籽店铺起步，形成了由种子改良—种植业—饲料业—养殖业—农牧产品加工、食品销售、进出口贸易等组成的完整现代农牧产业链，成为世界现代农牧业产业化经营的典范，为正大集团的发展奠定了坚实的基础。再如，"改革先锋奖章"获得者、腾讯首席执行官马化腾，怀揣一颗"通过互联网服务提升人类生活品质"的初心，带领腾讯 5 人组，推动中国在数字领域从"潮流追随者"转变为全球的"趋势引领者"。从 QQ 到微信，从 PC 端到移动端，从互联到物联，几乎涉及生活中的所有领域，成为一代潮商代表。从潮商代表的发展中，我们看到潮商从祖国出发，一路发展，又回到祖国。

回望这段历程，潮商一直紧跟祖国的发展步伐，紧跟世界与祖国的经济发展热点，走的是一条从世界，特别是东南亚诸国，再由我国的香港、澳门，不断向沿海、内陆地区发展的康庄大道。世界工厂、市场的中心逐步走回中国，在此之中，潮商对中国经济发展不断贡献着自己的智慧与力量。

3.3　潮商创业精神——基于社会主义核心价值观的重构

3.3.1　传统意义上的潮商文化精神

潮商文化精神，是潮商在创业、经商过程中长期形成的价值取向和精神文化，其源远流长，属于地方传统文化范畴。

潮商闻名于世，在长期的发展中形成的具有海洋文化特色的文化内涵，数百年长盛不衰，激励一代代潮人不断走向创业，并取得创富成功。丰富的潮商文化精神有很多值得我们学习的地方。从其数百年的发展史来看，大多数潮商彰显着爱国爱乡、乐于奉献的传统潮商创业精神，在他们创业成功之后，大多回到祖国，回馈家乡，或是投资建设家国，或是捐资助学，或是修桥建路、造福桑梓。走在潮汕大地上，经常会见到各类由潮商捐资助学的学校，如汕头市谢易初中学（正大集团谢易初捐建）、揭阳市普宁华侨中学（爱国侨领庄世平捐建）、潮州市宝山中学（香港潮属社团总会创会会长陈伟南捐建）等，以及各地的爱心助学基金，数不胜数。潮汕地区背山靠海、地少人多的人文地理环境，以及浓郁的商业文化，造就了潮汕人强烈的创业意识，成就了潮商善于经营、敢于打拼的创业精神。原始的中原传统文化承载着潮商"诚信经营"的不变法则。其中，潮商的"精、拼、信、义、亲"创业精神文化，较为全面地阐述了传统的潮商文化精神内涵。

3.3.2 传统潮商文化精神中的"两面性"

潮商文化精神是地方传统文化的代表,有很多值得我们学习的地方。当然,商者无利而不往。潮商精打细算,善于经营,却也有少部分潮商存在着"投机倒把"的行为,亦存在"谋财不害命,假货不劣质",为自己的违法投机行为进行辩护的惯性思维;潮商团结拼搏、抱团发展、"义"字当头的团队协助精神,为世人所赞许,但这种团结的文化内涵更多的是基于同乡的关系而建立的,排他性较强,同时"潮商带有排外性质的宗亲文化所形成的处事原则与交往态度,对自身的发展也会产生消极的影响"。如此种种,都是潮商文化精神中需要摒弃的地方,不仅存在于潮商的商业文化中,在其他商帮文化中也同样存在。

那么,如何对潮商文化精神进行取舍,使其满足中国特色社会主义高校创业文化的发展和要求?答案在于对其文化内涵进行重构、提炼的潮商文化精神符合高校创业教育发展的精神内涵,我们可以称之为潮商创业精神。

3.3.3 社会主义核心价值观重构下的潮商创业精神的评判意义

习近平总书记在党的十九大报告中指出:"必须坚持马克思主义,牢固树立共产主义远大理想和中国特色社会主义共同理想,培育和践行社会主义核心价值观,不断增强意识形态领域主导权和话语权,推动中华优秀传统文化创造性转化、创新性发展。"这给我们对潮商创业精神进行重构指引了方向,要求潮商创业精神在融入我国高校创业文化培育的过程中,不断重构,使其焕发新内涵,促进具有地方文化特色的高校创业文化的培育和创新,符合中国特色社会主义大学校园文化发展要求,满足高校创业教育全面实施过程中大学生对创业教育的需求。

那么,如何对潮商创业精神进行重构呢?答案在于找到一个符合当代中国特色社会主义大学创业需求的社会是非道德评判标准。这个评判标准在哪里?在于"社会主义核心价值观"。党的十九大报告中指出:"社会主义核心价值观是当代中国精神的集中体现,凝结着全体人民共同的价值追求。要以培养担当民族复兴大任的时代新人为着眼点,强化教育引导、实践养成、制度保障,发挥社会主义核心价值观对国民教育、精神文明创建、精神文化产品创作生产传播的引领作用,把社会主义核心价值观融入社会发展各方面,转化为人们的情感认同和行为习惯。"这段指导意见阐述了社会主义核心价值观对各种文化的评判指导作用,即能够对潮商创业精神进行过滤、重构,使其符合全体人民的价值追求,进而焕发新的内涵,形成社会主义核心价值观重构下的新潮商创业精神,并在融入高校创业教育中不断内化,在创业理论和实践教育中融入社会主义核心价值观教育,弘扬地方优秀文化。

3.3.4 社会主义核心价值观重构下的潮商创业精神内涵

潮商创业精神是潮商在创业发展过程中形成的价值取向和文化传承，属于中华传统文化的范畴。

社会主义核心价值观重构下的潮商创业精神内涵是什么？我们可以将传统的潮商精神放在社会主义核心价值观中进行重构，按照社会主义核心价值观公民层面的"爱国、敬业、诚信、友善"评判标准，提取传统潮商精神中的优秀文化内涵，可以定义潮商创业精神为"爱国、奉献、创新、创业、团结、拼搏、诚信、友善"。

1. 国家社会——爱国、奉献

（1）"爱国、奉献"具有历史传承性。

"爱国、奉献"是每个公民对国家、对社会应有的情怀和担当。时下，正是党和国家领导全国人民努力打赢这场"战疫"的关键时刻，"改革先锋奖章"获得者、新时代潮商代表马化腾领航潮商们捐资奉献、支援"战疫"，正是"爱国、奉献"的最好表现，而这种精神文化是有历史渊源的，无论是支持革命的张永福、林义顺、蚁光炎，还是爱国侨领庄世平、爱国实业家谢易初、香港潮商总会创会主席陈伟南等，都是爱国、奉献的典型代表，有其历史传承性。

（2）"爱国、奉献"具有文化自觉性。

潮商的"爱国、奉献"精神，源于骨子里的家国情怀。潮商漂洋过海，艰苦创业，成功不忘家国，发家不忘家乡。这种"爱国、奉献"精神促使广大潮商回到家乡，或是投资建设，或是捐资助学，或是修桥建路，近代以来，尤为突出。改革开放以来，我国的营商环境不断改善，爱国潮商纷纷回国投资，建设家乡。如爱国侨领庄世平，其在香港创办的商业银行，是香港第一家升起五星红旗的私人企业。庄世平率先在深圳设立南洋商业银行深圳分行，成为第一个在我国经济特区设立分行的外资银行，率先在我国内地发行港澳通用的信用卡——发达卡，率先在深圳经济特区组织国际性银团贷款，率先支持大型高新技术，推动合资工业项目的引进和建设，为祖国的建设和发展等做出了一系列贡献。在庄世平临终前，他将其近 2 000 亿元家产全数捐献国家，是为爱国潮商第一人。又如爱国潮商谢易初创建泰国正大集团，中国改革开放刚开始，他就回祖国发展，正大集团成为第一个投资中国的外资企业。谢易初在改革开放的前沿阵地深圳拿了 0001 号营业执照；与此同时，在谢易初的家乡汕头，他拿到的营业执照也是 0001 号，而后来正大集团的"卜蜂莲花"大型购物商场也开遍了祖国的大江南北。诸如此类，大批爱国潮商回家乡建设的案例数不胜数。报效国家、回馈社会，已然成为爱国潮商创业成功、返回家乡的"习惯"动作，这种"习惯"源于潮商对中华大地的热爱，源自他们身上流淌着的中华民族的热血。因为爱国，潮商继而不断地为社会做出贡献。

（3）"爱国、奉献"具有未来传递性。

爱国潮商的"爱国、奉献"，是在社会主义核心价值观中重构而来的，这种精神是深入骨子里的。潮商无论走到哪里，不忘家乡；无论走到哪里，根永远在家乡，他们将这种爱国精神用文化的形式传递下来。1990 年春，中国改革开放总设计师邓小平接见正大集团董事长谢国民（谢易初之子）时高兴地说："你们弟兄几个的名字起得很好，连起来就是'正大中国'，这说明你们很爱国啊！"原来，谢易初有四个儿子，名字分别是正民、大民、中民、国民，姓名中间的字连起来就是"正大中国"。笔者曾带领团队走访正大集团在广东省汕头市捐建的学校——汕头市谢易初中学，在交流中，他们也谈到了这段佳话。这充分体现了爱国潮商对后代的爱国爱乡教育是非常看重的。如此爱国、奉献的例子还有许多，充分体现出潮商的"爱国、奉献"精神是具有传递性的。

2. 创业人生——创新、创业

潮商创业过程中，其创新创业精神是相互促进的，先天造就的创业意识促进创新不断，创新不断促进创业的成功和持续，这也是潮商创新精神之所在。

（1）创新、创业：创业意识促进创新精神。

潮商的创新精神是在创业意识中不断催生出来的，而且绵绵不断，在潮汕文化中，常常透露浓浓的创业意识和文化，如"饿死不打工"，更有甚者，早期的潮汕人在教育后代时，曾有"读书会识字、会算数即可"的夸张说法。这些谚语、俗语在潮汕地区早已广为流传，所透露的实际是潮汕人强烈的创业意识和商业文化。祖辈的创业意识和创业文化，潮汕人从小便耳濡目染。这也注定了他们在踏出社会、开启职业生涯之时，具有浓浓的创业意识。正是这种创业意识，铸就了潮汕人敢为人先的创新精神。

（2）创新、创业：创新精神促进创业成长。

创业艰难，守业更难，潮商也离不开这个社会历史规律。是什么使潮商经久不衰？答案是潮商创新精神。潮商创新精神也是社会主义核心价值观中"敬业"的集中体现。在创业过程中对成功孜孜不倦的追求，对事物发展不断创新的美好愿望，使得创新精神促使创业不断，这就是潮商创新精神的内涵。

3. 团队发展——团结、拼搏

潮汕大地背山靠海，自古以来地少人多。特别是近代以来，多数潮商漂洋过海，艰苦创业，艰难的生存环境和敢为人先的人文环境铸就了潮商"家己人"（潮汕话：自己人）的族群理念。同时，在商海中搏斗，具有刻苦耐劳、自强不息的精神和百折不挠、奋发进取的勇气，通过社会主义核心价值观"敬业"的价值观重构，结合潮商传统精神文化，是潮商"敬业"的精神文化传承，我们对创业团队所发展的创业精神进行总结，定义为"团结、拼搏"。

团队是创业成功的三大核心要素之一，团结是团队建设、组织、管理的核心文化理念，是潮商创业团队在长期发展过程中形成的文化精髓，已然成为潮商的代名词。

与团结相辅相成的是拼搏。创业团队向着共同的创业目标，表现出创业者开拓创新、勤奋学习、不怕挫折的拼搏精神，从这个方面来讲，拼搏是创业者"敬业"的表现，是潮商创业精神的集中诠释。

4. 处世之道——诚信、友善

（1）创业的生存之道——诚信。

"老实终久在"（潮汕谚语：寓意做人做事要忠厚老实才能够长长久久）是潮汕最为常见的谚语，也是一句非常经典且具有生意智慧的潮商谚语。于潮商而言，寓意"诚信经营，童叟无欺"，是潮商在长期的创业过程中积累沉淀的精神文化，这种文化通过社会主义核心价值观的重构，也就是"诚信"。潮商在发展的历史长河中，率先创立了建立在乡土情结基础上的具有高度信用的"七兑票"制度、"水客"和"侨批"等侨商历史，成为潮商在海内外发展的传说，是百年潮商诚信的最好阐述。

诚信待人、诚信经营，其实是创业的生存之道，是潮商在创业过程中得以长久不衰、生生不息的制胜法宝，如《潮州会馆碑记》就有这样的记载，在苏州的潮商"公平处事，则大小咸宜；忠信相孚，则物我各得"。

（2）守业的处世之道——友善。

"买卖唔成人情在"，这同样是潮商在创业过程形成的最朴素的谚语，彰显的是与人为善的处世之道，从社会主义核心价值观对公民的"爱国、敬业、诚信、友善"的道德评判标准出发，结合潮商的创业历史，我们可以把潮商创业精神的最后一个内涵定义为"友善"。

友善，与人为善，与社会为善，是潮商的处世之道。在发展的过程中，潮商一直致力于慈善事业。在"大城小爱慈尚会 2016 胡润慈善榜"中，马化腾以捐款 139.52 亿元成为"中国首善"，陈一丹以捐款 40.065 亿元位居第二位，他们均来自腾讯公司，祖籍都是广东潮阳（现汕头市潮南区）。另外，登上该慈善榜的潮商还有陈经纬、朱孟依家族、纪海鹏、周泽荣和张骏。值得一提的是，榜单前 30 名中就有 6 位潮商。2018 年，世界华人首富、潮商代表马化腾，领航腾讯捐款 15 亿元，位居全国企业捐款排行榜榜首。2020 年，新冠肺炎疫情席卷全球，海外潮商纷纷伸出援手，助力祖国抗击疫情。

诚信和友善，是潮商待人接物的核心精神和创业守业的秘诀所在，是社会主义核心价值观的一种体现，值得当代大学生学习并不断传承。

第4章　潮商创业精神视角下的创业机会与创业风险

4.1　创业机会识别:"小小生意能发家"

创业过程是一个机会识别、机会评价、资源整合、创业行为启动的连续过程。在创业过程中,发现机会、识别机会的过程与必要的资源平台是相互交错的。

创业过程实际上是机会识别,把一个处于萌芽状态的创意打造成一个较具体的商业实体的过程。在这一转变过程中,创业者开发必要的资源力,引进由自己控制的资源。

创业是基于机会的市场驱动行为,是一个识别、评价与开发创业机会的过程,只有识别和把握创业机会,同时呈现出创业的创意,创业活动才能开展。

创业机会是指在市场经济条件下,在社会的经济活动过程中形成和产生的一种有利于企业经营成功的因素,是一种带有偶然性并能被经营者认识和利用的契机,是具有较强吸引力的、较为持久的有利于创业的商业机会。创业者据此可以为客户提供有价值的产品(或服务),并同时使创业者自身获益。

创业机会识别是创业领域的关键问题之一,它是创业的起点。面对具有相同期望值的创业机会,并非所有潜在的创业者都能把握。创业需要机会,机会要靠发现。如何识别创业机会并成功创业,是创业者亟待解决的问题,好的创业机会必然具有特定的市场定位,专注于满足顾客需求,同时能为顾客带来增值的效果。创业机会以不同形式出现,在机会识别阶段,创业者需要弄清楚机会在哪里和怎样去寻找。同时,创业者不仅要善于发现机会,更需要正确把握并果敢行动,将机会变成现实的结果。

潮商案例学习:

百年潮商

一百多年前,海禁初开,沿海通商。一批批潮汕先人乘坐"红头船",来往东西洋,经营南北行。他们大多身无分文,但谋生的意志和追求富裕的生活让他们视海如陆,激情满怀，凝聚乡族情结，五洲驰骋，四海纵横，后来涌现出了数不胜数的潮商名流、商界精英和世界级巨商。

"有潮水的地方就有潮人。"潮商素来以敢拼敢闯、勤劳、聪明、善于经营闻名于世。潮商性格刚毅，克勤克俭，同道同心，头脑灵活，坚持创新求变，相信"商道无疆"，熟悉消费心理学；商业传统深厚，商业才能较高，商业势力强大，在中国乃至世界的每一个角落，在屡屡创造财富的商圈中都能寻觅到他们的足迹，感受他们的大智大勇。在开始创业的时候，潮商通常一无所有，面对的是严峻的挑战。他们能有今天的成就，都是一步步走过来的，靠的是实力，而不是投机取巧，更不是坑蒙拐骗。潮商创业精神是潮商创业历程的见证，是潮商创业成功的"基因"。

李嘉诚曾说过："只要有钱赚，就是一门好生意。"对潮汕人而言，哪里有钱赚，他们便奔向哪里；哪个行业利润高，潮汕人便竞逐这个行业。在潮商看来，小小生意能发家，从事哪个行业并不重要，只要是正当赚钱，能够从中获得利润，就是王道。潮汕歌谣："正二择柑皮，三四卖杨梅，五六卖草粿。七月去抢孤，八月去脱芋。九十卖簸箕，十一二鳌大钱。"意思是年到冬季，柑橘当令，正二月就去捡柑皮做陈皮。三四月又是盛产杨梅的时候，我们就可以卖杨梅。五六月天气热了就开始卖草粿。到了七月施孤（潮汕民俗活动）的年节，就可以去做周边的很多生意。八月是芋头成熟的时候，我们就可以卖芋头了，九月和十月是收成的季节了，就去卖簸箕。到了十一二月接近年末，家家户户准备送神上天，就可以去卖纸钱。这是潮汕人做小生意的智慧，根据不同的季节、不同的情况来做不同的生意，赚不同的钱。

小商机创造大财富，全国的音像、电子配件、小商品、玩具、餐饮等行业很大比例都为潮汕人所掌控，而广东省内，凡有批发和零售市场的地方，就有潮商。充满商业细胞的潮商，赚钱可以说是无所不在、无时不在。他们精明地将商业意识渗透到生活的每一个细微之处，甚至是举手投足间。于他们而言，创业并非一味追求规模大、人数多，有些看似很难赚钱的小生意，潮商却发展得红红火火，奥秘就在于——小小生意能发家。

这种思维模式是自古到今一直存在的，许多潮商的商业道路是从学徒工开始的，积累了经验和资金后，就去做点小生意。通过这一途径，一步一个脚印，慢慢地攀升，如果又有了盈利，这时候生意规模就可以做得比较大了。

（罗堃）

陈元朗的陈记水果摊

汕头人陈元朗在深圳某大厦租到门口一角卖水果。小小的水果摊一个月的销售额竟达17万元，秘诀就在于换货。陈元朗的拿手货源是海南菠萝，他将菠萝以原价从同乡处换得进口阳桃等十几种原价水果，再将阳桃以微利出售，其他品种则与附近的水果摊在价格上持平。陈元朗出售的微利阳桃吸引了写字楼大量女职员踊跃购买，并且成了陈元朗的义务宣传员。陈记水果摊一时声名鹊起,其他水果摊索性也来他这里进货,批发加零售、微利加厚利,销售额自然可观。许多同行门路不同,各走一径,能从厂家以最低价格拿到某种产品。因此,潮商通过换货优势互补,使彼此手中有了许多种最低价的或适销对路的产品。

潮商的精明闻名于世。正由于精明,潮商凭借着一点点资本便能够在激烈的商业竞争中、在利润微薄的行业里站稳脚跟,逐步地发展壮大起来。

(李俊)

4.1.1 从创新到创业

创意是一种想法或是一种对事物产生的新概念,从商业价值角度评价创意是具有不确定性的。科学家用创意表现出鲜活的创造力,企业家可以用创意来创造机会,实现创业。

潮商案例学习:

创新引领未来

——听陈钦松总经理讲创业故事

陈钦松,汕头市美盛织造有限公司的创始人,现任总经理,社会职务为汕头市工商业联合会(总商会)常委、汕头市台联常务理事、汕头市金平区政协委员、汕头市金平区工商联常委、汕头市金平区台联副会长。曾带领"美盛"成为汕头电脑织造领域的创始者、引领者。在人生的关键点上,注重开创型的投资转型,具有对市场的先知先觉、敏锐的洞察力,以及对商机的精准把握。

在当今这个趋向良性运行和可持续发展的的时代,走进企业,闪耀光芒,为他人作嫁衣,已不能充分体现当代大学生的价值。由此,更多的大学生把目光与激情投入创业的洪流,通过自身的努力和智慧来体验自己创业的快感和激情。尽管如此,创业之路却并非康庄大道,此途中,人们不免经历社会的荆棘的考验,随时面临被淘汰的威胁。那么,了解并学习成功企业家如陈钦松在创业历程中所拥有的创业智慧和创业精神,可以让我们从更深层次对今后的创业之路进行更深的思索。

任何行业、任何事情,只有创新,才会有生命力,但创新是需要眼光、智慧和胆识的。陈钦松的创业故事正是这句话的写照。这位久经商场的企业家,在人生事业的几个关键点上的开创型的投资转型都充满了智慧。

20世纪80年代,内地虽然进行改革开放,但物资依然缺乏,漂亮的服饰大多从香港运过来。从事服装生意的陈钦松从中发现了商机,他投资开创了美盛服装厂,专门生产高档女士服装,并通过香港购进韩国、日本的面料,式样模仿韩国、日本的流行服装。1988年,美盛服装厂生产的女士时装一面市,就受到大城市爱美女士的追捧,引领时代潮流。

据陈钦松介绍，当时一件时装售价 68 元，相当于普通人两个月的工资，但因为式样很新潮，布料质感很好，很多女士都愿意把积蓄拿出来买一件时装。说起辉煌往事，陈钦松沉浸在美好的回忆中。

陈钦松从女士时装中获得第一桶金，这是创新意识领先一步带来的机遇。但是随着改革开放政策的深入，各种各样的服装如雨后春笋出现，逐渐形成了无序的竞争。此时，陈钦松又开始寻求新的改变，捕捉新的商机。

"大家都知道，以前织毛衣，都是手工织造。记得小时候大姐为我织一件毛衣，零敲碎打织了一个多月，式样还不怎么好看。"20 世纪 90 年代初，自动编织毛衣机开始被引进国内。陈钦松再次敏锐地感觉到，这是个大有前途的领域。于是在 1993 年，他花了 70 多万元购进了一台日产电脑织造机，它为公司的起步和壮大立下了汗马功劳。虽然这台机器已经退役多年，但依然摆放在生产车间入口处。陈总带笔者参观时，摩挲着这台机器，流露出深情。

虽然创业过程对于很多人来说是充满激情与喜悦的过程，但也是充满风险、艰辛与坎坷的过程。从风险的角度来说，创业过程实际就是不断挑战风险、风险与收益博弈的过程。真正的创业者不是要万无一失地去做事情，而是要尽量规避风险，获得高回报。所以，敢为的气魄是创业者必须具备的精神品质。陈钦松坦言，起初由于信息不畅，别人不知有这样先进的电脑编织机，这边也不知有谁需要，所以生意也不算太好。

后来，陈总把工厂转移到汕头市区，充分利用特区政策，与澄海毛衣企业对接，逐渐使生产走上正轨。接着，陈总又从北京某集团旗下的制造厂购来两台同样的日产电脑织造机，进一步提高生产能力。随着"美盛"知名度的提升，很多毛衣厂成为其客户，3 台机器的产量远远达不到客户的需求。2003 年，陈总又投资购进多台德国产电脑织造机。其生产能力一时在潮汕地区独一无二，引领风骚。当时，行内的人都公认"美盛"是汕头电脑织造领域的创始者、引领者。1998—2008 年，是"美盛"事业最兴旺的 10 年。同时，又有不少亲戚、朋友在陈钦松的影响下，在这个行业中得到很好的发展。

任何行业都存在这样的现象，只要有利可图，大家必然蜂拥而至。搞得好的话，可以形成集群优势；若缺乏引导，则可能变成生产过剩和恶性竞争。2009 年，汕头电脑织造行业风云突变，大小工厂都争相购进设备，仅两年间，汕头的电脑织造机多了 10 倍，现在大约有 6 万台机器，若全部能开工，那还了得？产能远远超过需求，加上欧美市场的需求下降、接单价下降、人工费用上升，实际上很多机器处于"休息"状态。

陈钦松认为，区域性的某个行业出现这样盲目、无序的竞争时，行业协会必须发挥作用，提供投资参考或引导合作，合理做强和做大。但遗憾的是，当时没有这样的协会。因此，只能出现恶性竞争，造成资源浪费。

在这样的情况下，尽管"美盛"凭借多年积累的资源优势，依然能保持正常运转，但一向有长远眼光的陈总又开始新的项目：电脑绣花水溶纸生产。他分析说目前汕头同类厂家非常少，多数要从福建、浙江进货。陈总投资的工厂位于潮南区，引进先进的设备和技术，属于无排污环保型企业，这一战略性转移将会为其带来一片广阔天地。陈总说："我不能夸海口，只希望能满足市场需求，服务广大客户，并做强和做大。"相信新厂开机以后，汕头的电脑绣花水溶纸行业将迎来崭新的时代。

对于大学生创业，陈钦松坦言，大学生在学校里学到了很多理论性的东西，有着较高层次的技术优势、"初生牛犊不怕虎"的精神，以及对传统观念和传统行业挑战的信心与欲望，但还要明白以下几点：

其一，确定使命感和远景目标。一个没有方向的创业者是没有办法成功的，所以使命和目标是成功的第一步。创业者必须回答：我从哪里来，现在在哪里，将要去哪里。也就是说，应有一个清晰的企业发展和成长的蓝图，同时要有能力制定实现目标的战略和途径。

其二，调查研究，选准项目。世界是丰富多彩的，职业是多种多样的。大学生创业者应该从哪一方面入手来开创自己的事业，首先要进行广泛的调查，认真论证，然后确定自己的创业目标。定期评估分析目标和行动同等重要。随着创业计划的进展，有时创业者会发现自己的短期目标可能未向总目标靠拢，或者发现当初的目标不怎么现实。无论是何种情况，创业者都需要及时调整目标，使创业行动朝着总目标的方向继续前进。所以，在实施创业计划时必须进行可行性评估，对市场的风云变幻进行分析，只有经过评估分析后，创业计划才能起到指导实践的作用。

其三，在观察中创业创新。学会观察市场经济环境，在市场规律下，经过市场调研，冷静思考，谨慎投资。要有坚韧不拔的精神。心灵脆弱是大多数大学生的通病，遇到一点挫折和困难就轻言放弃，是不会取得终极成功的。创业的道路不可能一帆风顺，所以大学生在心理上的准备也是必不可少的。

其四，创新创业不仅仅是为了解决就业问题，还引导每个人去实现自己的梦想。创新创业不仅可以给自身带来财富，还能给社会带来更多的就业岗位，使社会得到更好的发展。创业是一个摸索自己所在行业"套路"的过程，它不在于资金的多少，也不盲目地标新立异，而在于怎样根据自己的实际情况出发去选择创业、创新。

（马勉燕　林燕彬）

在陈钦松总经理讲的创业故事中，可知任何行业、任何事情，只有创新，才会有生命力；只有在创意的基础上创新，让创新引领未来，才能使创业具有生命力。但是创新是需要眼光、智慧和胆识的，否则就是盲目的创新。陈钦松在我国改革开放时期投资服装行业，看到国外服装行业的现状后灵感突现，创新设计和生产高档女士服装，引领时代潮流，他从女士时装中赚到第一桶金。后来把工厂搬到特区，利用特区政策与澄海企业对接，得到了很好的发展。陈钦松的创意让他的创业过程顺利开展且获得了价值，通过不断创新让企业稳定了下来，蓬勃发展。陈钦松也讲到创业过程对于很多人来说是充满激情与喜悦的过程，但创业不是一路平坦的，而是一个水到渠成的过程。当一个人的努力及付出与成功持平时，创业便成功了，个人价值便得以体现了。我们想通过创业实现人生价值，那么需要确定使命感和远景目标、调查研究、选准项目、在观察中创新创业、实现自己的梦想，要相信"三百六十行，行行出状元"，我们应该多与创业成功者交流，找到属于自己的那一行，努力学习以前创业成功者的经验，努力提高自身的创业能力与素质，更要注重创新。只有不断完善自己，我们才能在创新创业的路上走得更远，给社会带来更多的财富。

4.1.2　创业机会的特征与类型

1．创业机会的特征

创业机会市场就像一块蛋糕，如何将偌大的蛋糕切开并获得属于自己的一份，成为许多创业者思考的问题。消费市场需求代表着创业发展的方向，创业机会来源于市场需求。

（1）市场环境的特征。

市场环境的特征主要是指创业者面对的市场需求，其中包括市场的规模、未来发展规模、竞争性等。

（2）市场发展的特征。

市场发展的特征主要还是和当前的政策、大众的需求密切相关的，市场的走向和发展方向具有一定的灵活性。

（3）市场消费的特征。

随着市场消费的发展，消费呈现出多变性、灵活性。

（4）市场产品的特征。

即产品的特色和优势，包括产品进入市场的技术、成本优势和技术优势。

2．创业机会的类型

创业机会的类型可以从不同的角度进行分类。从国家政策的角度，可以分为确定型和不确定型。从创业者的角度，可以分为简单型和复杂型；从创业环境的角度，可以分为优势型和劣势型。

潮商案例学习：

面对市场"大蛋糕"，"80 后"女生如何烘焙梦想

潮商创业者欣悦 2009 年大学毕业，因找不到合适的工作而决定自主创业，2010 年开设"梦想烘焙"DIY 蛋糕店。蛋糕店宣传语定为"每一个蛋糕都有一个故事"，以 DIY（自己做）为主要经营模式，并以推广家庭烘焙文化为基点，提供场地和材料以及一定的技术指导，让顾客可以亲手制作蛋糕、饼干和巧克力之类的甜点。其以"新鲜、健康、品

质、DIY"为特色，改变了以往传统蛋糕生产企业不透明的制作方式，由烘焙老师指导店内顾客完成蛋糕制作的每一个步骤，寓教于乐，让制作者沉浸在自己动手的乐趣中。

"80后"是备受争议的一代，许多年纪大的人认为"80后"群体有许多缺点，诸如娇生惯养，只知享受；自以为是，目中无人；思想开放，为所欲为；脾气暴躁，自诩"愤青"等。全面总结和分析"80后"群体，不难发现他们有许多优点，除了历代年轻人共有的朝气蓬勃、敢想敢干、勇于创新、思想进步外，当代的年轻人普遍都有高中或大学学历，知识面更宽，思想觉悟更高。因为科学在进步，社会在发展，特别是已经进入信息化时代的今天，"80后"使用的是过去年轻人所没有的先进通信工具和现代化交流手段，他们现在的游戏方式和游戏内容是过去的人们连想都没有想过的事情，所以他们有着得天独厚的条件，可以走在前人没有走过的路上。在我们的身边就有这么一位"80后"，她凭借着自己的努力，实现了自己的创业梦想。

蛋糕是以蛋、糖、面粉和油脂为主要原料，经调制成发松的面糊，浇入模盘，烘烤后制成的一种组织松软的糕状制品。中国的烘焙业始于20世纪80年代初，发展至今近40年，市场日益增长并急速扩大。近年，韩国巴黎贝甜、新加坡面包新语等外来品牌相继进入国内市场，并凭借全新的经营理念和产品设计轰动一时。与此同时，他们带来的先进经营理念、领先的烘焙产品设计以及全新的营销方式，使我国本土烘焙行业面临前所未有的竞争格局。根据有关调查，我国烘焙潜在市场总量远远超过日本、韩国、新加坡，未来也将体现更具多样性的发展格局，但无论市场发展如何丰富多样，最终的竞争都将落在品牌力、产品力及营销力上。韩国已从杂乱的竞争局面压缩到四个品牌的竞争，并研发出越来越多高档化、个性化的产品，传统面包店逐步转型为"便利店＋咖啡＋面包店"的一体店；而日本更注重低能量、功能性以及其他新原料产品开发，年轻人群"烘焙DIY"也成为目前日本最盛行的经营方式。

印象中，这些精致的西点只能在西点屋或蛋糕店里看到，但现在很多热爱生活的人已开始亲手制作美味西点，吃腻了传统的蛋糕，自己动手制作形态各异的蛋糕逐渐成为时尚。尤其是年轻人，常会将自己亲手制作的蛋糕作为礼物送给亲朋好友，在赋予蛋糕新意的同时，也创造出一个新兴的产业——DIY蛋糕店。"梦想烘焙"就是这样一个可以提供DIY的蛋糕店，是由29岁的欣悦创建的。

一、创业缘由

2009年欣悦大学毕业，找工作自然成为毕业生的头等大事。怎样才能把自己"卖"出去，并且"卖"出个好价钱，她每天都在费尽心思一遍又一遍地修改着自己的简历。可是投出去的简历仍然如泥牛入海般杳无音信。历经无数次打击之后，失意彷徨的她躲进了学校图书馆，发狂般地读着那些成功企业家的创业故事，希望给自己找到新的出路以及鼓舞自己。那些日子里，"泥足深陷"的欣悦沉浸在一个又一个辉煌而又艰辛的创业故事里。读着别人激动人心的经历，她也渐渐萌发了创业的念头。对呀，为什么不试着自己做点什么呢？与其像白菜一样被别人挑来拣去的，还不如自己创业，体验将自己的想法和理念付诸实践后的乐趣与成就感。可是，欣悦读了二十多年的书，除了会偶尔舞文弄墨外，几乎无一技之长。而创业要的是独到的商业眼光及高超的营销手段，既要找准市场的缺口，又要力所能及。"做什么好呢？没有过高的技术门槛，又能发挥灵活善谋的才能。"那段时间里，这个问题一直萦绕在她的脑海里，挥之不去。欣悦说她从小就特别爱吃奶油蛋糕，常常站在蛋糕店的橱窗旁，看蛋糕师傅制作蛋糕坯子、涂奶油、在蛋糕上画出可爱的图案，小时候梦想着有一天能拥有一家自己的蛋糕店，但由于学习和家人期望等因素，她渐渐地淡忘了这个梦想。现在她的工作也没有着落，于是她决定着手准备开一家蛋糕店，并希望更多的人可以享受亲手制作蛋糕的过程。

欣悦喜欢蛋糕，更喜欢制作蛋糕，她觉得开蛋糕店是她的兴趣所在，除了做蛋糕，她还学习了饼干、泡芙、蛋挞等各式西点的制作方法。仅蛋糕一项就可以衍生出很多品种和花样来，完全可以做成专卖形式。这样既能降低成本，又可使产品便于识别记忆，在顾客群中形成定式品牌效应，让人一想到要吃蛋糕，就去某某店铺。甜点属于休闲食品，一般是情侣或朋友聚会、聊天和休闲的场所，那么整个店铺就必须装修得很悠闲、舒适，不需要多么豪华，只需让前来消费的顾客能够产生远离俗世的喧嚣、获得精神上的短暂宁静与放松、重拾诗意的生活的感觉即可。

二、创业历程

1. 创业初期困难多

对于欣悦这么一个刚刚毕业没多久的女大学生来说，技术和资金成了两大不得不攻破的难题。

为了学习到烘焙蛋糕的技术，欣悦到一家蛋糕店当学徒，她回忆，那是最辛苦的时光，每天要学习制作蛋糕，还要帮老板打扫店里的卫生，扫地、拖地、抹桌椅、搬鸡蛋、扛面粉……一天下来筋疲力尽。同时老师很严格，叫她做什么，她就认真做，丝毫不敢马虎。她第一次学习和面，由于力道不均匀，和出来的面都是一团一团的，被老师批评之后，她买了一些面粉回家，在家一直练习和面。她说，那时和面和得手都抽筋了，吃饭的时候手还一直抖，但一想到她的梦想，就咬着牙坚持下来了。最后皇天不负有心人，她终于学会了和面，赢得老师的表扬，这件事给予了她无限的动力。欣悦还购买了很多关于西点制作的书籍，摞起来都有她那么高了。最初她尝试用面粉、电饭锅制作蛋糕，每天研究制作蛋糕的工艺程序到深夜，但不是味道不对，就是品相不佳，不停地试吃使她胖了好几圈。后来掌握了要领，按比例调制好面粉、淀粉、鸡蛋、奶油后，一个个美味的蛋挞、蛋糕、泡芙、饼干、巧克力陆续从烤箱里飘出香味，向她展露"微笑"。那时候，她的小本子上已密密麻麻地写满了制作秘籍和失败经验。在蛋糕店里学习了一年，欣悦学习了很多西点的做法，她觉得是时候做些实际成绩了。

随着互联网行业的发展，现在的网站可真是五花八门，什么都有，由于资金有限，她决定先在网上开店试试市场行情。忙碌了几个月，欣悦在网上开了一家蛋糕店，起名"梦想烘焙"，出售蛋糕成品。因为她的蛋糕造型别具一格，开店的第二天就卖出了第一个蛋糕。"当时特别兴奋，考虑到顾客是我的第一位买主，就按成本价卖给她了，现在我们已经成了好朋友。"说的时候，欣悦依然掩饰不住满脸的兴奋。优质的用料、不错的口味，很快赢得了顾客的喜爱，也赢得了一份不错的成绩单。渐渐地，网店的生意红火了，她也挣得她的第一桶金，加上自己筹得的钱，她的蛋糕实体店有了着落。

兴趣是最好的老师，打定开蛋糕店创业的主意，欣悦开始了找店面、装修、买器具等准备工作，店里的每一个小细节她都亲力亲为并乐在其中。这些琐碎复杂的事情一起涌过来，让当时25岁的欣悦偶尔也会吃不消，但她从未在困难面前打过退堂鼓。

2. 用心讲述蛋糕的故事

欣悦在蛋糕店当学徒不仅学到了制作蛋糕的工艺，也看到了自己的不足，她想：现在这个社会，什么都讲个性，千篇一律的蛋糕怎么能吸引人呢？市面上的蛋糕店很多，做得好吃的肯定也不少，有些店里请了专门的蛋糕师傅，他们制作蛋糕若干年，工艺必定比初出茅庐的她好很多倍，而且这些老板经营蛋糕店多年，经验也比她丰富得多，怎样才能把蛋糕事业做大并屹立于市场中处于不败之地，成了她的燃眉之急。

她发现现在DIY很流行，蛋糕DIY在南方很多城市是很热门的新兴产业，尤其是一些白领人士，在忙碌的工作中抽出时间与朋友自制蛋糕，既能放慢生活的节奏，又能感受到和朋友、家人共享美味的快乐。如果真的可以给每一个蛋糕定一个切合顾客的主题，为他们量身定做独一无二的蛋糕，也许的确要费点心思、费点工夫，但这说不定也是生财之道呢！于是她决定在她的蛋糕店加入DIY的元素。

欣悦将蛋糕店的宣传语定为"每一个蛋糕都有一个故事"，在她看来，来到店里的每一位顾客都怀有一颗特别的心，想与家人和朋友分享喜悦。

2010年9月1日，"梦想烘焙"正式开张，客人在这里可以亲手制作生日蛋糕和个性西点。欣悦说："开业第一个月，店里人气不算高，算一算还亏了钱，但我依然很有信心，很开心。第二个月，店里先后来了十几位顾客，多是年轻人，他们愿意用心亲手制作个性蛋糕送给心爱的人。有件事至今还给我留下了很深的印象。一对新婚夫妇在婚礼前，到店里为双方父母亲手制作了一个多层大蛋糕，并把制作过程拍摄下来，在婚礼上播放。"在欣悦看来，现在生活好了，家长的付出不需要儿女的回报，只要儿女有颗感恩的心，家长就会很感动。欣悦回忆："还有一件事，有一天，一个男孩带着一只宠物狗来店里，说和女朋友分手了，想亲手做一个蛋糕给她，以他们共同的宠物狗为图案，他告诉我，每抹一下奶油他就为女朋友许一个心愿，看到他如此用心，我感动了。其实，DIY蛋糕不只为了好玩，更包含了对生活的热爱。"

欣悦对DIY蛋糕店还有长期的规划，她说："蛋糕市场很大，除了常规的生日蛋糕，很多企业还会给员工定制蛋糕，新人婚礼要定制蛋糕，企业召开年会等活动也会需要西点，这些领域都是我们拓展市场的方向。相信只要用心坚持，烘焙事业早晚会飘香。"

3. 保证质量＋创意服务

欣悦精选 DIY 蛋糕、巧克力、饼干等针对家庭的蛋糕西点课程及烘焙 DIY 项目，让顾客轻松成为烘焙达人。她让所有技术全模具化制作，操作简单，手把手教，力图让顾客制作出属于他们的拥有丰富故事内涵的蛋糕。欣悦认为，顾客在蛋糕制作完成后不仅能获得成就感，还能品尝到自己的劳动果实，相比传统蛋糕制作，DIY 蛋糕显然更有意义。DIY 手作蛋糕的制作方式透明，在食品安全问题频发的今天，这一公开透明的经营方式正好满足人们对于健康食品保障的需求，亦能在食品安全方面获得值得消费者信赖的实力。先进的烘焙技术、领先的工艺、独特的口感、精致的造型、合理的价位、健康安全的品质都是符合广大消费者的品牌诉求点。

欣悦告诉笔者，我国的 DIY 烘焙市场有数千亿产值，且每年仍以 33.6% 的增速不断飙升。其中在蛋糕行业，百元售价的蛋糕往往成本只需十几元，高达 85% 的利润率让蛋糕业从业者的盈利翻倍。虽然我国的蛋糕店很多，但是 DIY 手工蛋糕坊数量极少，其作为一个新兴行业还有极大的发展空间。

4. 亲朋好友来相助

大学生创业，最难的莫过于资金支持。一些大学生空有抱负和才华，苦于没有一定资金，只好作罢。在同龄人眼里，欣悦无疑是幸运的。在她的创业路上，亲情和友情是她的动力源泉。

"在家靠父母，出门靠朋友。"欣悦深刻体会到了这句话的含义。她告诉笔者，一个人、一个家的力量毕竟是有限的。"梦想烘焙"营业后，很多地方离不开朋友的支持。欣悦也因此把朋友看得很重，她常说，朋友的事也就是她的事。欣悦说要真诚地感谢父母和朋友，因为有了他们，"梦想烘焙"才有现在的完美。

5. 免费送蛋糕上门

通过顾客的口碑相传，欣悦的蛋糕生意越做越好。为了扩大经营范围，欣悦还开展了免费送蛋糕上门的业务，每次都按时将蛋糕送到顾客手里。笔者在采访的当天，遇到前来买蛋糕的李阿姨。李阿姨说，过几天是她女儿五岁生日，女儿喜欢机器猫，她特意为女儿选择了一个机器猫形状的蛋糕，这种形状在市面上的其他蛋糕店是买不到的。她把蛋糕送到女儿的幼儿园，让女儿和小朋友们一起过一个难忘的生日。

三、欣悦的创业启示

近年来，大学生就业难成为社会关心、媒体关注的一个热门话题。如今就业已变成社会的一项重大压力，随着竞争的不断增大，大学生创业也是一个比较明智的选择。大学生拥有无限的活力与激情，拥有最创新的思想、最完备的知识，大学生创业团队已变成社会的一个重要组成部分，是带动经济发展的一个重要元素。但大学生创业的道路也是艰难曲折的，经验的不足、资金的短缺、社会竞争的激烈和思想的不成熟都制约着大学生创业的真正实现。

面对日益严峻的就业形势，我国大学生又该怎样化被动为主动？从欣悦身上笔者得到以下启示：

当前我国大学生创业者比例小、成功率低，对大学生的创业学习有着明显的负面影响。因此，提高大学生创业比例及成功率，是鼓励大学生创业学习的有效措施，可以使二者之间形成良性互动，相互带动。大学生在创业过程中容易遇到政策、资金、人才、服务等方面的一系列困难，创业者如果下定决心，就要想方设法克服困难。

创业先要有创业的意识，然后做好知识上的准备，先就业再创业，选择自己熟悉的行业，选择合适的地址。看准合作伙伴，懂得与人分享创业的成果。有所为，有所不为，坦然面对大舍和大得。

网络创业是一项成本较低、受众面广、时间灵活、体力付出少的经营方式。欣悦的事例告诉我们，网络创业要有好的创意，懂得一定的网络知识，有自己独特的营销方式，并能充分利用网络资源和自己的人脉关系。

欣悦以一个女孩的浪漫和细腻，给烘焙行业注入了新鲜的血液，诠释了"80后"女生为梦想的不懈追求、坚强奋斗、敢于挑战和勇于创新。目前"梦想烘焙"还处在发展阶段，欣悦的实体店刚开业的两个月，营业额已达到5 000元，到现在已经达到10 000多元，今后的发展空间会更大。

欣悦的事业并不见得做得特别大，但从她的身上可以看到创业者的艰辛和坚韧，创业除了需要激情，更需要脚踏实地，一步一个脚印。相信付出总有回报，时间会证明一切。

（杨佳虹　杨佳玲）

4.1.3　创业机会的来源

在"大众创业，万众创新"的时代背景下，投身创业实践的大学生将会面临着重大的机遇和挑战。然而绝大多数人并非先天就对创业机会敏感，具有善于发掘创业机会的能力，这往往与个人对创业的认知水平、先前经验、生活环境等密切相关。创业者寻求适合自己的创业项目，至关重要的便是熟悉创业机会的主要来源，抓住转瞬即逝的创业机会，打开新的思路。这样一来，便解决了创业的首要问题，才能够进一步进行机会的开发与利用。

创业机会客观存在于人类与环境的互动中，创业机会的源头之一便是发现这种互动中的矛盾，创造性地解决问题。虽然创业机会的偶然性会产生"无心插柳柳成荫"的现象，但完全归因于机缘凑巧未免过于绝对，创业者日常培养出的侦测所处环境变化相对常人更敏锐的洞察力，使创业者对这种矛盾有自发的警觉。当客观存在的创业机会已不能满足当下亟待尝试创业的人员需求时，创新型创业就应运而生了。

　　美籍奥地利经济学家熊彼特认为创新是"生产函数的重新建立"，也就是说创新是实现生产要素和生产条件的新组合。因此，创业机会要经过被挖掘、利用、再创造的一系列过程。具体来说，当市场处于不均衡的状态时，就会有客观存在的创业机会，敏感的创业者能首先发现原本环境中的客观存在机会。机会被开发殆尽后，一部分具备创新能力的创业者出于自利目的实施创新，破坏了原有的市场平衡，创造出新的知识，从而开辟了新的市场。新的市场衍生出新的创业机会，吸引经济体进入市场，再次给创业者创造了新的机会。市场回归平衡后迫使创业者再次创新，开始新一轮循环，周而复始，不断推进经济的增长。由此可见，创业机会的来源可分为两大部分：一是发现环境中客观存在的创业机会，二是自行构建创业机会，如图 4 - 1 所示。

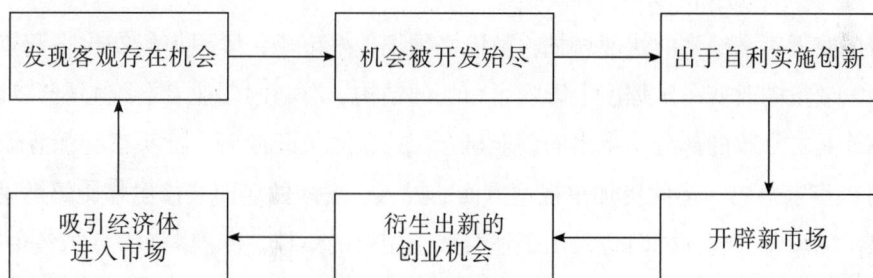

图 4 - 1　创业机会的来源

1. 从创业机会的发现中探究来源

（1）解决日常生活中的需求痛点。

　　什么是痛点呢？一般来说，痛点是指市场不能充分满足的而顾客迫切需要满足的需求。寻找创业机会的一个重要且快速简单的方法就是发现并解决他人日常生活中的缺陷。美国小男孩达瑞从小便参透了这个小小道理，从普通的日常生活出发，用自己的方式改善他人生活的不便。这种创业思想使他十二岁时就出版了书籍《儿童挣钱的二百五十个主意》，十五岁时上了谈话节目，十七岁时拥有了百万美金的身家。

　　韩山师范学院东丽 B 区的学生日常学习生活中最怕打印文件，每次打印都需要跑到另一个校区。"入门看人意，破柴看柴势。"林先生提前了解清楚情况，抓准了这个需求痛点，在东丽 B 区对面的美食城门口开了家工作室，为学生提供了快递与普通打印服务。不同于其他打印店，林先生会事先让同学们把打印的文件以及要求发给他，他自己打印好文件后把编号告知学生，等学生有空闲时间来工作室领取就好。这样节约了彼此的时间，深受同学们的欢迎。或许有人会问，打印几毛钱一张的价格，怎能称为创业？"富从升斗起，穷因弃小钱。"在创业的起始阶段，创业者最忌讳只想着天降横财，而忽视了蝇头小利。"细数畏算盘"，财富总是这样一点一滴积累起来的。

（2）迎合时代的变化趋势。

识别创业机会的关键之一是衡量投资的项目是否迎合时代的变化趋势，了解时代的发展，找好创业的风向标，即使在创业路上困难不断，但只要紧跟时代的潮流，不断改进，总不会被社会淘汰。在大数据的社会背景下，创业者要抓住机遇，"到许时，骑许旗"（潮汕俗语，指随潮流转变）。

2018年年底，vlog（视频网络日志）逐渐进入大众视野，成为新的社交形态，可谓掀起了新的风潮。创业者若是瞄准这一时代变化趋势，将vlog作为宣传的新渠道，开展一些粉丝活动，不仅与vlog引领的群体达到宣传的契合，也会由于vlog本身简便易操作的特点而在推广方面降低许多成本。

（3）密切关注创业的政治环境。

随着国家近年来经济的快速增长，政府必须把控好市场，紧跟市场变化来调节相应的政策。国家政策的改变一定程度上影响了市场的结构，有心的创业者会细心研究琢磨新出台的政策或其被修改的部分衍生出的创业机会。二孩政策开放后，汕头市德保餐饮有限公司创立的"卢家妈妈"品牌更加重视这方面的投入，餐厅的店面装修温馨，妈妈用餐时可缓解带孩子的疲惫。餐厅同时也推出了适合孩子用餐的桌椅、专属菜单等，十分注重给顾客一个良好的用餐体验。如今，"卢家妈妈"深受广大顾客的好评，已开设了50多家分店。

2. 从创业机会的构建中探究来源

（1）组合式创新型创业。

英国学者布莱基说："组织好的石头能成为建筑，组织好的社会规则能成为宪法。"组合式创新也是如此，组织好的创新便是构建好的创业机会。当然，它不是机械地把互不关联的物体随意叠加在一起，而是寻找个体与整体之间的关联。这种关联不用依托于技术的创新，而只是敏锐地、适合地结合两种不同的事物。例如纳米补水风扇的发明，集水箱和小型风扇于一体，一键出雾，补水降温。电动牙刷仅是给牙刷装上了电机，就成为人人追捧的刷牙神器。书店里面增加咖啡馆，把咖啡和阅读结合在一起，创造出独树一帜的氛围。

对于大学生创业而言，最难得的是组合式创新的思维。在寻找创业合作伙伴的时候，尽可能地与不同专业、不同学校、不同地域的人士组建创业团队，突破思维定式，打破专业之间的多重壁垒。此外，"家己人"的团结互助精神也是团队取胜的关键。

（2）差异化创新型创业。

差异化创新也是构建创业机会的有效方法之一。差异是物体之间产生联系的根本原因，这种差异详细来说就是具体化。对创业者而言，就是定位的具体化、顾客群体的具体化、产品的具体化、核心竞争力的具体化。例如，苹果公司专门针对在校学生及学校教职人员推出教育版iPad，这种特别优惠政策吸引了一大批新顾客。又如，8848钛金手机定位在精英阶层，其强大的功能使一部手机等同于两部手机，实现了工作、生活互不干扰。

4.1.4　潮商智慧——创业机会的行业识别技巧

潮商的智慧源于对中华民族伟大复兴的责任感，潮汕人从小培养的爱国与奉献精神使广大潮商能在支持国家政策的同时，灵敏地捕捉创业机会，精准地进行行业识别；潮商的智慧源于拼搏团结的自强精神，在不断的努力与尝试中寻求创新创业的技巧；潮商的智慧源于诚信、友善的本质，无论是日常生活还是创业，他们都以诚信、友善的心去容纳和对待所有人。

在国家政策中捕捉创业机会，罗堃在《哪里有经济热点　哪里就有潮商》中讲到，从 2009 年的《横琴总体发展规划》到 2010 年的中国—东盟自由贸易区，再到后来的中国（上海）自由贸易试验区的建设，当中不乏潮商的身影。其中，深圳潮商集团有限公司是深圳潮汕商会的核心实体企业，目前已在珠海横琴新区与地方政府合作科技园、物流园等大型地产项目。另一位潮商姚振华牵头组建的前海人寿保险公司也于 2012 年 3 月 30 日在深圳前海正式挂牌成立。

在如今飞速发展的中国，爱国、奉献的潮商积极地支持并参与实践国家政策，2019 年 8 月"国际潮商助推'一带一路'暨粤港澳大湾区建设高峰论坛"在香港举办，探讨潮商如何助推"一带一路"发展和粤港澳大湾区建设，创造更多发展机遇。

潮汕人从小培养的爱国、奉献精神使广大潮商尽心尽力地支持与实践"一带一路"倡议和粤港澳大湾区建设，以支持、参与国家发展为经商之道，灵敏地捕捉创业机会，精准地进行行业识别。

在拼搏团结、创新创业中把握创业机会，罗荣在《潮商特点：不熟不做》中总结了潮商的特点：在自我创新创业时"不熟不做"，以及雇用"家己人"的经商理念。

著名潮商林百欣曾说过："我做生意从来不做到十足，要留下三成后路。能力所及，不熟就不做。"潮汕人在做生意时讲究"不熟不做"。世界上的所有事物，究其本质都有一定的规则性与规律性，为官有为官之道，经商亦有经商之道，关键在于真真切切地把握行业规律，在规则范围内熟能生巧地做好每一笔生意，在不断努力与尝试中寻求把握创业机会的技巧。

潮商多从底层打工起步，敢于拼搏自我的事业。从底层做起，让他们更多地接触到了生意中的规律，扎实的基础也让他们谙熟经商之道。不仅如此，潮商非常团结，有一种雇用"家己人"的经商理念，这使潮商在经商的过程中能高效率地进行商业资源的整合，团结在一起，结合大家的优势共同发展。因此，他们的创业成功率更高。

然而，"不熟不做"并不代表潮商停滞不前，不善创新。沈建华在《李嘉诚的经营观》中讲到，李嘉诚一生坚守这样的经营理念——进取中不忘稳健，稳健中不忘进取。李嘉诚说："我是一个很进取的人，从我从事行业之多便可看得到。不过，我注重的是在进取中不忘稳健。"

因此，潮商的智慧源于拼搏团结的自强精神与创新创业的进取精神，在"不熟不做"与"稳健进取"的不断尝试中寻求把握创业机会的技巧。

在诚信、友善中栽培创业机会，潮商学院的《从潮汕俗谚看潮商文化精神》中提到，每一个成功的潮汕商人都是以诚信为立足之本的。

于潮商而言，好口碑在做生意时是至关重要的。"天地补忠厚"，拥有诚信的本质与友善的心灵，才能让人走得更远。创业机会并不是天天有的，有些创业机会是从天而降的，而有些创业机会是需要人去创造的，但不管是哪一种来源的创业机会，在经过商人面前时，都会对商人进行一定的考验，往往机会只有一次，且不会大众化，而拥有好口碑的人能有更高的概率快人一步接近创业机会。

因此，要时刻保持一颗诚信、友善的心，在诚信、友善中栽培创业机会，在机会来临时，集众人之力与自我平时的拼搏努力把握机会，从而对自我的创业进行"升维"。

总而言之，潮商智慧中创业机会的行业识别技巧首先是爱国、奉献，在符合历史的进程、国家的政策中灵敏地捕捉创业机会，精准地进行行业识别；接着通过拼搏团结、创新创业，提升自我本身的能力，在"不熟不做"与"稳健进取"的不断尝试中寻求把握创业机会的技巧；最后在诚信、友善的原则下形成好口碑，集众人之力看准并抓住创业机会。如图4-2所示。

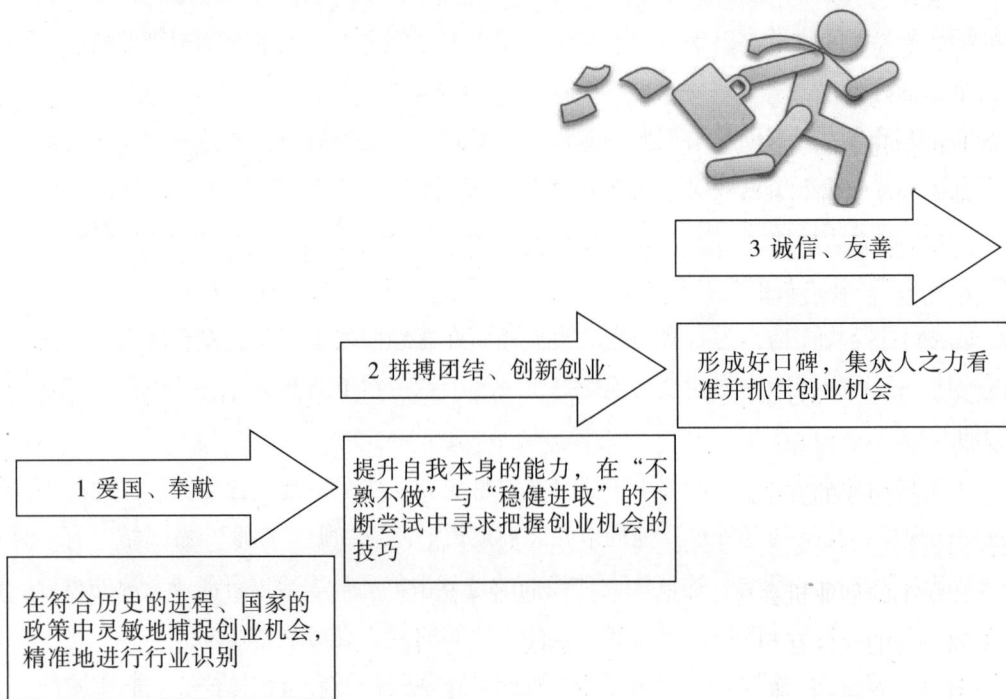

3 诚信、友善

2 拼搏团结、创新创业

形成好口碑，集众人之力看准并抓住创业机会

1 爱国、奉献

提升自我本身的能力，在"不熟不做"与"稳健进取"的不断尝试中寻求把握创业机会的技巧

在符合历史的进程、国家的政策中灵敏地捕捉创业机会，精准地进行行业识别

图4-2 潮商创业机会的行业识别技巧

4.1.5 创业机会识别的一般过程

创业机会识别一般是指创业者发现或挖掘市场潜在（隐藏）的需求和趋势，并进行资源的整合与加工（创意），开拓一定成长空间并创造商业价值的过程。简而言之，创业机会识别本身就是一个创新创造的过程，是不断进行发散思维的过程。创业机会识别的一般过程包括三个阶段：发现与挖掘、借鉴与模仿、衡量与评价，如图 4-3 所示。

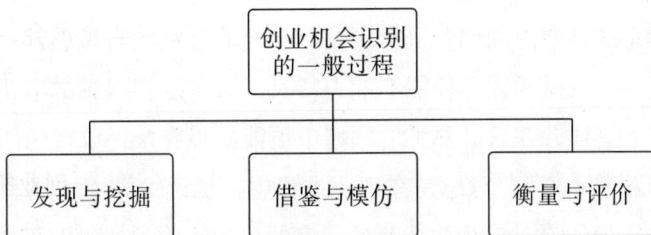

图 4-3 创业机会识别的一般过程

1. 发现与挖掘

这一阶段创业机会的来源可简单划分为两大部分：社会和个人。社会包括消费者潜在或隐藏的需求和未被完全满足的需要、国家政策方针、新时代技术更新、产业结构变化等；个人包括大学生创业者已有认知经验、社交网络、创造性思维、个人人格等。大学生创业者要有意识地重点捕捉消费导向需求、服务国家政策方针和利用新技术，发现该时期下前沿领域隐藏的需求，挖掘还未被真正满足或潜在的市场需求，而这些新需求将可能成为创业机会开发的关键。

社会网络可通过机会识别能力和资源获取能力对创业意愿与成效发挥正向影响。大学生利用好政府网络和学校网络，依托好人际网络，发展好商业网络，促进资源的积累和增值，提高发现与挖掘创业机会的概率。

在"大众创业，万众创新"和"互联网＋创业创新"背景下，国家近几年出台了相关的政策方针，大力支持和扶持大学生进行创业，为大学生提供各种服务和平台等，我们要懂得并善于捕捉和运用国家、社会新动态下蕴藏的商业机会。同时各大高校一般拥有为大学生提供便捷的齐全的创业服务体系，如专门的管理机构、导师、场地、资金、创业辅导咨询机构、创业创新教育、确切可靠的信息发布平台等，切实满足大学生的真实需要，提升大学生的创业机会可行性识别能力。创业要成功，单凭一个人的力量是不够的，离不开志同道合的伙伴互帮互助，正如谚语所说"一个篱笆三个桩，一个好汉三个帮"，一个人的力量是有限的，但是"众人拾柴火焰高"，要建立好有利于创业的人际网络。

2. 借鉴与模仿

创业机会识别是创业实践活动的出发点（核心）。创业实践活动能够顺利实施与开展，都起源于创业者对创业机会的有效识别。

大学生接受高等教育，拥有大量的知识储备，具有从事创业实践活动的浓厚兴趣与激情，为更好地识别创业机会打下坚实的基础。同时，大学生具有较强的信息识别与处理能力、整合资源能力和学习模仿能力。

借鉴是指对成功的创业者和企业的理念、经验、商业模式、运营、组织、服务、技术等的学习与运用；模仿是指对别人的成功之处进行模仿后要勤于反思，思考自己能否有新的创意与思路，并在模仿之后创造出属于自己的东西。

大学生对其熟悉的领域内的创业机会更具有一定的警觉性与敏感性。负责人应充分利用和发挥团队中每一个成员的知识技能与能力特长，做自己较熟悉的事情，有一定的信心能够掌控创业机会。这样，在自己熟悉的领域中更能游刃有余，取得局部的竞争优势。

前文提及的"不熟不做"，意思是在创业过程中，虽说大学生往往有"初生牛犊不怕虎"的果敢和干劲，但如果对该行业不具备一定的认知经验和把握，贸然前进，也可能会碰得"头破血流"。正如巴菲特对股民的忠告："我不懂这些股票，也不了解那些股票。我不会买我不了解的股票。"这同样提示我们，大学生可以通过借鉴和模仿相似的成功创业案例，分析其优势所在并反思其不足之处，不断拓展知识和积累经验，熟能生巧，发散思维，提高对创业机会的盈利性识别能力，并创造性地进行创新。

3. 衡量与评价（判断与评价）

学者对创业机会识别的评价大部分围绕着两个关键词——机会的可行性与盈利性，我们在识别创业机会时也有意无意地衡量与评价商业活动。在机会识别活动的初始阶段，大学生可结合自己的优势能力和特长，先大致调研市场的需求，了解目前其在国内外所处的现状，搜寻并分析数据，预测并判断选择的这个创业机会是否具有可行性和商业价值，能否进入竞争者较少的细分市场，再确定是否值得考虑或进一步研究开发，考察收集的信息资源是否有一定的发展空间和能否创造出足够的商业价值。

4.2 创业机会评价："不熟不做"

创业者自身的特征及想法固然重要，但并不是每个想法都能转化为创业机会，不是每个创业机会都会给创业者带来益处。许多创业者仅凭想法去创业，尽管对创业充满信心，最终却失败了。因此，创业者在利用创业机会之前，要对创业机会进行科学的分析与评价，再做决策。在机会识别时，需要把重点放在某些更为重要的指标上，对其正确识别评价后，结合其他方面的特征做出整体判断。

在中央财经大学林嵩教授的创业倾向模型中，创业机会可以从三个层次进行分析和评价：一是创业机会的核心特征——产品和市场。这一层次的特征属于创业机会的自然属性，不依赖于创业者或者创业机会的其他特征而存在。二是创业机会的支持要素——团队、资源和商业模式，这一层次是创业者或者创业团队能够有效开发创业机会的支持条件。三是创业机会的成长预期——财务指标和收获条件。这是创业机会评价指标的第三个层次，成长预期是创业者对创业机会的潜在价值的最终判断。只有创业机会符合创业者心中的标准，创业者才能真正付诸行动。

创业机会评价对创业成功具有重要的影响，不同的国家、不同的环境、不同的创业主体对机会评价的标准和方法都不一样，精明的潮商在创业过程中以怎样的标准评价创业机会呢？

隔行如隔山，每个行业都有自己的核心内容。生意上，当熟悉一个行业到一定程度或相当程度，研究它的规律，具备比较成熟的业务关系和一定量的资金时，才能得心应手地解决创业过程中的困难，才能很好地预测未来的市场行情走势，以此提升创业的成功概率。反之，生意场上的门外汉往往意味着血本无归，别人做生意赚钱，等到自己来做，却极大概率会亏本赔钱。

创业是一个从陌生到熟悉的过程，成功的企业发展需要大量资金支持，还要面对随时而来的不确定性。在刚开始投资或者创业的时候，一定要坚持进入熟悉的领域，对所从事的行业深入了解，掌握别人不能掌握的技术，挖掘别人看不到的市场和利润点。选择一个自己一无所知的行业发展事业，是需要特别慎重的，而选择自己熟悉的行业，将有助于创业者把握商品市场、不同产品的优劣及消费者的需求、市场发展方向等，经营也就驾轻就熟了。

经商是致富的必由之路，而入行是经商的第一步，选择适当的行业，发挥聪明才智，勤恳经营，自然能创造财富。在选择自己的经营项目时，潮商习惯把目标放在朋友多、门路熟、人际关系好、办事渠道畅通、信息来源广的行业；相反，如果所选择的行业领域人地生疏、信息闭塞、办事门路不熟，生意就会受到许多制约。要做自己最熟悉、最擅长的生意，以此大大提升经商的成功率，保证付出总有回报。熟悉意味着更高的成功率，风险局限在可控的范围内，对不确定性也更容易把握。

潮商这种"不熟不做"的策略，靠的就是对市场独到的理解和把握，对今天的商人很有启发意义。随着市场越来越成熟，做生意越来越讲究专业化，内行的人更能抓住市场。若想在如此激烈的市场竞争下占得一席之地，没有一点专业精神是行不通的。这就需要创业者精通本行业的业务，专心经商，凭借专业的眼光、素养和市场判断力，跟随市场的脚步不断前进。

怎样做到这一点呢？那就要靠专注，全身心投入所钟爱的事业，并矢志不渝地为之努力，同样可以在该领域做出不可小觑的成绩。只要专注于某一行，日积月累，自然会成为专业人士，获取利润也就水到渠成了。在确定目标后全力以赴，干一行爱一行，做一行专一行，力争使自己成为行家。一旦决定经商创业，就要把握商机，在具备一定的商业知识和经营之道的基础上投入心思与精力，时刻关注市场行情的变化，并有针对性地采取应对策略，在稳健中谋求发展，在发展中不忘稳健。

潮商坚守"不熟不做"的理念，并非意味着不善创新，不懂变通。成功转型的大有人在，这多半是因为他们看准了该市场，抑或是自己感兴趣。但是在进入新行业前，他们已经进行了充分的准备，变不懂为懂，这依然可以归为"懂哪行做哪行，进入熟悉的行业更容易成功"，这是经商成功的一个重要保证。潮商认为，生意场上的决策需要在行业中经过多年的摸爬滚打悟出来，轻易放弃自己熟悉的行业，贸然涉足自己不了解的行业，都是不明智。做个绝对内行的创业者，才能业精于勤，成就自己的专业和专长，超越竞争对手。因此，转型一定要建立在周密的调查研究之上，对转型的行业非常熟悉。如果盲目转型或者盲目多元化，自然不能在同行中占有一席之地，也就难以在市场上立足。

潮商案例学习：

香港的"抽纱大王"翁锦通

香港的"抽纱大王"翁锦通是广东汕头人，更是一位"商业奇才"。在1957年生日那天踏上香港的土地时，身上只有4港元。秉承"不熟不做"的原则，他在1962年创业之初，从自己熟悉的潮汕抽纱开始做起，他在抽纱行业积累了数十年的经验，对抽纱行业的经营管理有绝对的把握，对抽纱的任何细微技术性问题也了如指掌，办起了锦兴绣花台布公司和香港机绣床布厂。

从此，翁锦通在抽纱工艺领域步步为营，不断拓展自己的商业版图，逐步建立起他的"抽纱王国"。从中国香港到中东地区、美国、欧洲等地市场都有他的抽纱工艺品，他的锦兴绣花台布公司也在中国香港、美国、意大利、新加坡等地都设有公司，成为销售网络遍布全球的"锦兴集团"。后来，翁锦通为自己的创业总结了四条经验，其中第一条便是绝对要内行，才可能业精于勤，才能称其为专长、专业。

潮商的经验就是进入熟悉的行业更容易成功。企业要有自己的拳头产品，才能在市场上站稳脚跟。凭借拳头产品打出名气后，再根据自己的能力开拓其他方面的业务。一般而言，新拓业务也应在行业领域内，盲目开拓尚不熟悉的领域，可能会心有余而力不足。

4.2.1　有价值的商业机会的基本特征

商业机会从广义上来说就是能够给企业或个人带来利润的机会。它的含义是：投入一定的价值和资源，经过商业化的转化来获得最大利益的产出。其中，商业化的转化包括对商业机会的发现和创造。

有价值的创业机会具有时效性。所谓"机不可失，时不再来"，在创业机会来临之时，若创业者不对其加以把握，机会将会稍纵即逝。有价值的创业机会具有价值性。价值性是指创业机会所能创造的商业价值的大小。具有价值性的创业机会符合市场经济发展规律，能够满足市场发展的需要，具有可观的发展前景。有价值的商业机会具有客观性与偶然性。在创业过程中，商业机会是在特定条件下产生的，也是客观存在的，具有一定的偶然性。

此外，作为一个有价值的商业机会，它还具备最核心的特征——创新性。机会与挑战是并存的，不可否认，创新项目往往会面临较大的风险并且需要更多的资源，但更为重要的是，它也能够带来较大的竞争优势。通常，创业者若想要创业成功，并且为该项目在竞争激烈的市场中争取一份立足之地，则需要注重其创业机会的创新性。机会新颖的程度往往决定其能否在市场竞争中保持一定的优势，区别于一起竞争的同行，提高创业活动的成功率。

4.2.2　个人与创业机会的匹配

创业中个人挖掘出创业机会只是简单的开始，还需要考虑这个机会与自己的匹配度有多高。生活中，各种创业机会随处可见，在各式各样的行业中都有待提升的空间，有很多细节的机会隐藏其中，而这些恰巧能够为创业带来挑战与机会。不为创业而创业，而是为适合找机会。当你在创业时，进行的是自己陌生且不感兴趣的领域，无论你多么认真付出，心中还是会有抵制，因为你不适合这行业。而当你接触的是你喜欢、感兴趣、愿意为之倾尽全力的工作，你会发现再苦再累，喜欢、适合大于一切。机会和个人是相互作用的，机会的最终识别取决于创业者个人对机会的感知能力，因此最终被创业者识别的机会是主观因素与客观因素相结合的结果，包含创业者的创造性贡献。

1. 创业机会与个人目标的契合程度

对于创业而言，它有很多的选择与形式，缺少的永远不是机会，而是等待慧眼识珠的人来发掘，进而相互配合获取成功；对于个人而言，从个人发展的各个因素去谈论，找到与创业的相互契合的过程，找到合适的机会远远比硬碰硬更加稳妥，找到一个舒适的安全区更能静下心去创业，迎接挑战。

2. 创业机会与个人的风险承受度和抗压能力

当前市场环境较为复杂，发现创业机会时，如何把握机会、规避风险成为一大难题，这与大学生个人的风险承受度和抗压能力息息相关。面对创业模式、人力资源和税务带来的种种风险，大学生很难以冷静、客观的心态去面对问题，再加上自身分析问题和解决问题的能力不足。因此，为提高创业的成功率，大学生需提升个体创业机会识别能力和抗压能力，并学会风险评估。

3. 创业机会与个人的兴趣爱好

创业的机会往往都来自生活的点点滴滴，在我们的身边隐藏着无数商机，而能引起我们发现的是能令我们被吸引并且喜爱的，这些基本上是关乎个人的兴趣爱好。因为我们接触个人的兴趣爱好的机会更多，对熟悉的领域能更好地去了解、实施、操作，这就是创业机会与个人因素相匹配的要点之一。

4. 创业机会成本与个人

调查显示，影响大学生创业的消极因素有：缺少资金（31%）；市场推广困难（25%）；缺乏企业管理经验（20%）；技术水平不够高（8%）；项目论证不够（4%）；其他（12%）。可见，创业成本是影响创业成功率的重要因素。另外，创业企业有不断发现成本、节约成本的机会；在发现成本、节约成本的过程中能挖掘更多的创业机会。因此，在某种程度上，可将创业过程看作一个不断发现成本、节约成本的过程，个人对创业资源的分配方式也显得尤为关键。

4.2.3　创业机会评价的特殊性

创业机会评价的特殊性可以分为以下几点，如图4-4所示。

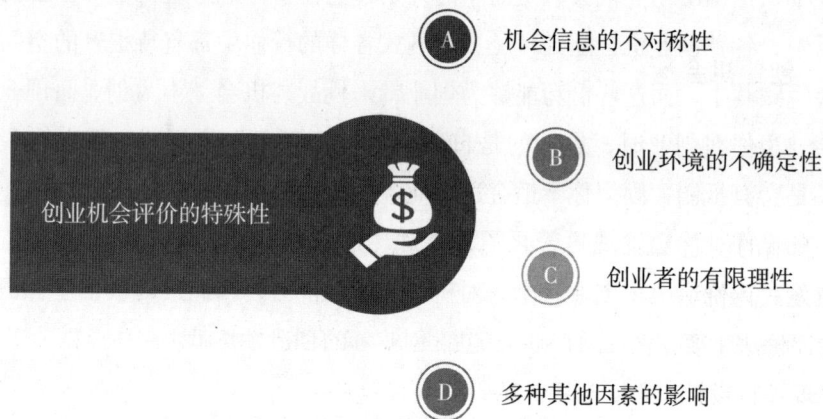

A 机会信息的不对称性

B 创业环境的不确定性

C 创业者的有限理性

D 多种其他因素的影响

图4-4　创业机会评价的特殊性

1. 机会信息的不对称性

信息的不对称性是指在信息沟通或传递过程中，沟通双方所拥有的信息数量和质量存在着较大的差异或差别。

处于初期和成长期的企业尚未建立自己的信誉，难以得到普通投资者的信任，存在着十分严重的信息不对称现象，应对比较严峻的信息不对称的能力是创业资本的核心能力和竞争优势所在。

2. 创业环境的不确定性

在创业过程中，我们通过过去的事情没办法判断和确定未来的创业过程是不是一定会按照原来固定的方向走，这将会使预测结果与实际结果之间存在差异，也导致创业环境具有不确定性。创业环境的不确定性不意味着一定是坏事，不确定性是中性的，它只能说明通过过去的思路没办法推断未来的情况。

环境的具体特点和特征主要包括环境的动荡、复杂和不确定性。环境的主要特征是其本身的不确定性，即主体对其的不可感知性。

创业者面对不确定性环境，通过机会识别和机会评价来产生利用不确定性的决策，更进一步，创业者还需要获取和保存相应的资源以提高其应对不确定性的能力。

3．创业者的有限理性

有限理性表现在两个方面：一是人面对的环境是复杂的。在非个人的交换形式中，参与者众多，同一项交易很少重复进行，所以人们面对的是一个复杂的、不确定的世界。交易越多，不确定性越大，信息越不完全。二是人对环境的计算能力和认知能力是有限的。创业者在有限理性下应提高自身认知和把握环境的能力，减少环境的不确定性。

4．多种其他因素的影响

创业机会的评价还会受到创业者的创业经历、工作年限和管理经验等多种因素的影响。

4.2.4　创业机会评价的技巧和策略

1．评价方法

机会评价是创业认知观的核心成分，创业机会评价是一种主观的过程，通过什么样的方式来评价当前的创业方案，不同的人对机会评价过程中运用的认知机制是不同的。

（1）启发式评价法。

启发式评价法主要是由多位评价者通过对照一些可用性原则来独立评价某一个项目的可用性，发现项目设计中的可用性问题，从而使这些问题作为再设计过程中的一部分被重视的可用性工程法。

启发式评价能够让创业者在充满不确定性和复杂性的情境下快速理清思路，高效评价创业机会，减少机会评估所耗费的时间以迅速把握机会。

（2）阶段性评价法。

得到普遍使用、可以适应很多情况的一种评价方法是阶段性评价法。这一方法明确要求创业者在开发机会的每个阶段都要进行机会评价。

（3）层次分析法。

层次分析法（Analytic Hierarchy Process，AHP）是美国学者于 20 世纪 70 年代提出的，是一种定性与定量相结合、系统化的决策方法。它将决策者的主观判断与实践经验导入模型，并进行量化处理，体现了决策中分析、判断、综合的基本特征。该方法首先将复杂问题按支配关系分层，然后两两比较每层各个因素的相对重要性，最后确定各个因素相对重要性的顺序，按顺序做出决策。

（4）模糊综合评价法。

模糊综合评价法是将数学中的模糊思想与评价相结合的一种多因素决策法。其核心在于应用模糊数学中的隶属度，将多种定性指标定量化评价，最终得出定量的评价结果，使模糊问题变"清晰"。

（5）其他方法。

灰色综合评价法：1982年，我国的邓聚龙教授提出了灰色系统理论，其主要利用已有的信息来确定该系统的未知信息，从而正确、有效地控制系统运行。"灰色"代表的是事物的不可知性或不可观测性，其核心内容是通过对系统中的已知信息进行相应处理，应用系统关联度解决整体评价问题。

数据包络分析法：DEA（Data Envelopment Analysis）方法由美国运筹学家 A. Chames 和 W. W. Cooper 在 1978 年提出，它是集运筹学、管理学与经济学的综合性交叉学科，通过线性规划和凸分析对项目的各项投入和产出指标进行数量分析评价，比较相似决策单元的相对效率。

2．评价技巧和策略

准确地评价一个机会通常按照以上的评价方法进行，但这些评价方法一般需要耗费大量的时间，需要大量的数据，对于初创企业而言，这些都是较为珍贵和难以获得的。然而，创业者可以通过以下技巧大致评价一个机会的可行性和盈利性。

（1）迎合大众。

创业机会好不好，可以通过看市场的消费群体有多少、用户有多少、消耗的资源有多少等，多方面了解市场，明确市场的导向作用来评价创业机会。

（2）响应国家政策。

凡是国家鼓励发展的企业和生产，最终都能得到很好的发展，有了国家的政策支持和民心导向，对于创业者来说是非常有利的。马化腾在2013年宣布腾讯参与前海建设，就是从2012年3月国家发改委正式印发的《深圳前海深港现代服务业合作区产业准入目录》中嗅到的商机，使得腾讯在前海和后海都做好了产业布局。

4.3　创业风险识别："小而精""整合资源、互通有无"

经济生活中有一条公理，那就是高风险伴随着高收益。创业是在一个不确定的环境中进行的活动，具备各种风险，风险信息具有可传递性、可识别性、可存储性等一般特点，因此，创业风险具有一定的价值性。创业风险信息的识别是信息有效控制的前提，而创业活动中对风险信息的有效识别与控制，是创业成功的关键内核。广义上的创业风险识别是对企业创生及成长过程中所获取信息中的风险因素的知觉和反应。在风险出现时或出现之前，就予以识别，从而有效把握各种风险信号及其产生的原因。若创业者不能正确、全面地认识企业可能面临的所有潜在损失，就不可能及时发现和预防风险，选择最佳的应对处理方法。

潮商如何识别并规避风险呢？为何他们能有如此显赫的成就？是什么理念造就了他们的辉煌？重要原因之一就是潮商掌握先进的经营模式——"小而精"的服务管理、"整合资源、互通有无"的经营理念。

4.3.1　服务管理——"小而精"

创业，其实是一个困难与机遇相互交织、惊喜与挑战相生相伴的过程。作为一个真正成功的创业者，就必须做好万全准备，并坦然面对未来一切未知的可能。创业，也并非一味追求规模大、人数多，但一定要不断钻研技术，做好产品的更新改造工作，以"小而精"战略取胜，使企业经营目标集中，管理便利先进，从而在激烈的市场竞争中占得有利地位。

潮商案例学习：

"小明的欧式奶茶"和"爱尚吧台"

郑××，一个普通的初中毕业生，他所开设的"小明的欧式奶茶""爱尚吧台"深受韩山师范学院学生的欢迎，几乎垄断了校园周边的奶茶市场。小有成就的他并不安于现状，仍然在学习和尝试，以此满足顾客的需求和适应市场的变化。

在充分进行市场调查、准确地选址后，2009 年，他的第一家奶茶店——"小明的欧式奶茶"在卧石路正式营业，从此开始了他的创业旅程。由于小本经营，他凡事亲力亲为，无论是店面装修还是货物购置，都力求完美。装修风格舒适整洁，吧台呈流水式设计，既不过分要求高雅，又不失清新。凭着对饮品种类的多样性和对顾客热忱周到的服务，"小明的欧式奶茶"深深地吸引着周边的学生，日销量比预期高出一倍。

在时间的沉淀和自身的努力下，店主决定扩大市场，开设分店——"爱尚吧台"，一间二层复式楼的奶茶店。与周边奶茶店不同的是，郑××在店里搭建小型演唱会舞台，学生们手捧奶茶听着驻唱歌手演唱一首首青春歌曲，浪漫唯美的气氛油然而生，同时也为热爱唱歌的人提供一个展现自我的平台。如今的爱尚吧台已成为生日聚会的好地方，更是学生忙里偷闲小憩一番的首选之地。

对于经历过社会生活的郑××而言，他更能了解大学生的心理需求、思想和喜好。他认为，创新是饮品店生存的灵魂，根据消费者的喜好调整口味，及时掌握市场动态，研发新型饮品，每月推出两至三种产品，才有回头客。麻雀虽小，五脏俱全。至今，"爱尚吧台"的饮品已有八十多种，刨冰系列、雪泡系列、沙冰系列应有尽有，花样繁多，深受广大学生的喜爱。"爱尚吧台"推出的养生茶饮，更是受中老年人的青睐。在谈及自己创业成功的秘诀时，他认为创业者要有自己独特的想法，生意再小也要做精、做专、做细，才能突显自己的特色。

（王文婷　陈丹云　陈泽君）

市场的复杂多变、信息的快速发展、消费需求的多样化，决定了创业者须以先进的服务管理制胜。在纷繁复杂、瞬息万变的商场竞逐中，只有秉持"小而精"的服务管理，不断应对时变，与时俱进，才能永立潮头。这也正是诸多潮商在市场竞争中脱颖而出的重要原因。

4.3.2　经营理念——整合资源、互通有无

李嘉诚为了保证企业收益的稳定性，不断开拓商业帝国，业务涉及零售、酒店、基建、电力等多个领域，真正做到了企业的多元化，使产业达到了"整合资源、互通有无"的局面。他的业务的多元化是有一定规律的：一是收购或从事低回报相关业务分散风险，所有业务无论是所处的产业领域还是所分布的地域范围，都很广阔。二是收购或从事不同回报期业务以降低风险。短期回报，经济景气时获利丰厚；长期回报，好处是收入稳定。短期业务，波动大，风险很高；长期业务，资金回流慢，又有周转不灵的风险。长短互补，确保了每段时间都有足够的资金回流。三是收购或从事稳定回报业务来平衡盈利。

企业资源整合是一个实现长远利益的重要战略决策，整合资源对于一个企业来说，其内部和外部总是存在着各种丰富的资源，能否整合好这些资源，对其加以合理、有效的利用，并充分发挥其优势和作用，对企业的生存和发展往往起到十分关键的作用。随着市场的变化情况与发展，各分散的资源被整合起来，集中的需求被分散出去，企业的各种资源必须随之整合与优化，才能达到"多赢"。

潮商善于整合内外部资源，这是企业赢得竞争、加快发展的必由之路，是一种投资少、见效快的关键措施。有企业家认为，一家企业在经过不断实践和总结形成一套科学的管理方法与理论之后，不同行业间的差异性就不再是企业发展的障碍，反而会通过行业间的优势互补、资源共享，实现规模扩张和多赢发展。要不断挖掘事物间的内在联系，通过对各种资源的充分优化整合，实现真正的"互动、互助、互补"，做到"相融共生"，使企业走上横向联系、纵向发展的道路，而不是一味地进行盲目投资。

整合资源的目的就是要使企业现有和潜在的资源相互配合与协调，达到整体最优。企业是一组资源的集合体，企业之间的竞争就是围绕着资源的争夺与利用来展开的。企业之所以能稳定发展，一个重要的原因就是善于整合其内外部资源。事实说明，整合就是生产力。从一定意义上来说，做企业就是对各种资源的整合。市场竞争中以少搏多、以弱胜强的现象并不稀奇，一个企业所拥有资源的数量与质量是企业生产经营的必要条件，但它与

企业的市场地位并不成正比。企业对资源的利用效率才是维持企业持久竞争优势的关键，是以弱胜强的真正原因，也是企业家管理效率的集中体现。

在经济全球化的竞争形势下，企业经营者在整合内外部资源时一定要思考如何推进管理现代化和管理变革，应用最新方法，有效获得先进生产力。同时，对企业的内外部资源进行通盘思考和统一协调，努力将各种分散的资源集中起来，突出重点，以便将有限的资源投入在实现战略意图过程中能发挥最大效用的领域。此外，适度地借用、利用外部资源，可有效地弥补企业自身资源的不足，缩小战略目标与资源条件的差距。

潮商的足迹遍布四海，经营范围、经营领域也涉及全球，他们视野开阔，长于经营。他们最擅长在全球范围内调动资源，长袖善舞，整合力量，获得超人一等的商业利润。饶平人施少斌任广州王老吉药业股份有限公司董事长、总经理，2004 年，旗下的王老吉凉茶进入了善于创新和本土化的肯德基的餐牌。肯德基的食品容易上火，而王老吉凉茶正好具备去火的功效，在功能互补上刚好吻合。虽然只是在广东范围内的 200 家肯德基推出，但王老吉看重的是肯德基把它推向全国的计划，这和加多宝"市场北伐"、推动凉茶全国销售的营销思路是一致的。加多宝和王老吉药业共同做大"预防上火"的饮料市场，进一步开拓多元化销售渠道和提升品牌效应，对王老吉而言，其作用和意义都不可小视。

成功的法则其实很简单，但不代表容易，其必定有荆棘相伴，关键在于你如何战胜。潮商的传奇众所周知，我们应坚信每个平凡的人都有潜在的能量，终将发出耀眼的光芒。

1. 创业风险

创业风险是指在创业过程中存在的各种不确定性因素。由创业环境和时机的不确定性、创业者和创业投资者的能力与实力的局限性导致的创业活动结果的不确定性，就是创业风险。

著名潮商林百欣说过"我做生意从来不去到十足，要留下三成后路"的话，这句话就是在潮商视角下创业者如何规避非系统风险问题的诠释，通俗易懂。"钱银出苦坑"，意思是金钱来自困苦的环境，警示创业者要不断提高自身的综合实力来应对困苦的创业环境；"算盘扣到无子"，意思是计算得太多，算盘的子都给打没了，告诫创业者要精打细算，精于规划管理。

创业与风险是并存的，创业者在起步初期面临的各种压力都会成为风险，这对企业的诞生是非常不利的。

2. 创业风险的防范

潮汕俗语"尺布恶挡风，独木不成林"，意思是一尺的布挡不住狂风，一棵树成不了森林，这句话就体现潮商视角下规避非系统风险的另一途径，就是通过与合作伙伴相互扶持，共同承担风险，进而提高承担非系统风险的能力，降低非系统风险的危害。为避免造成重大经济损失和社会不良影响，每个创业者都应大力进行风险预防，应选择那些发生概率大、后果严重的事件进行重点防范。对于防范、降低风险而言，创业圈对创业者识别并防范风险的建议如下：

第一，降低现金风险的防范。向有经验的专家请教；经常评估现金状况；理解利润与现金以及现金与资产的区别，经常分析它们之间的差额；节约使用现金。现金管理上应注意接受订货任务要与现金能力相适应；不将用于原材料、在制品、成品和清偿债务的短期资金移作固定资产投资。

第二，降低开业风险的防范。在最熟悉的行业办企业；制订符合实际的、不过分乐观的计划；在预测资金流动时，预测收入要谨慎一点，预测支出要留有余地，以应付意外；没有足够资金不要勉强上项目，发现问题时要立即调整。

第三，降低市场风险的防范。以市场及消费者的需求为生产的出发点；时刻关注市场变化，善于抓住机会；广泛收集市场情报，并加以分析比较，制定有效的市场营销策略；摸清竞争对手底细，发现其创业思路与弱点；对各种成本精打细算，杜绝不必要的费用；健全符合自身产品特点的销售渠道网络；以良好诚信的售后服务赢得顾客的青睐。

第四，降低员工风险的防范。建立完善的雇员选择标准，综合考虑技术能力和合作能力两个因素；建立合理的信息沟通及汇报制度，充分掌握员工及企业动态；制定有效的员工制度，增强员工内部凝聚力；寻找最胜任工作的人选；记录并跟踪新雇员的情况，熟悉各个职员的素质及发展，做到人尽其才；友好对待并鼓励新雇员，使其早日适应新环境，进入工作角色。

第五，降低财务风险的防范。适当分工，密切监控和防范财务风险；请专家和银行咨询，选择最佳的资金来源以及最合适的时机和方式筹措资金。

第六，降低技术风险的防范。综合考虑企业自身技术能力、资金量和所需时间，选择技术获得途径；若选择引进技术，则要在引进技术前对所引进技术的先进性、经济性和适用性进行评价；加强对职工的技术培训，提高员工对高科技设备的操作熟练度，减少不必要的风险损失。

第5章　大学生创新创业能力培养模式创新[①]

5.1　当前高校创新创业教育发展现状

大学生创新创业教育是培养大学生创新精神、创业意识等，提高创业综合素养的教育，创新是创业的基础，创业是创新的最美愿景，二者互为共同体，如何将创新教育与创业教育进行对接，形成创新创业培养机制，是研究的根本所在。

创业教育被联合国教科文组织称为教育的"第三本护照"，指的是培养人的创业意识、创业思维、创业技能等各种创业综合素质，并最终使被教育者具有一定创新创业能力的教育。

西方发达国家的创业教育理论兴起于美国，经过近半个世纪的发展，逐步形成从小学、中学、大学本科直到研究生的正规教育，随后逐渐在英国、德国、新西兰及日本等国家迅速发展。

近年来，党和国家高度重视创新创业教育，在党的十八大报告中首次提到"推动实现更高质量的就业"，"要贯彻劳动者自主就业、市场调节就业、政府促进就业和鼓励创业的方针，实施就业优先战略和更加积极的就业政策"；党的十九大报告更是提出了"鼓励创业带动就业"，对开展创业教育提出更加深层次的要求和指导，"大众创业，万众创新"热潮高涨。

我国高校创业教育起步于 1997 年清华大学的创业计划大赛。至今，各高校学者对大学生创新创业教育培养模式和机制做了大量的理论、实训研究工作，从培养模式的架构上讲，主要从理念思路、人才培养、校企合作、高校办学特色、学科特色、"互联网＋"等方面进行阐述；从培养内容上讲，主要从创新创业基地、师资培养、创业课程、创业竞赛平台、实现路径及实体孵化等方面进行研究，研究成果比较丰硕。

---

① 柯东贤，丁虹，杨燕蓉. 大学生创新创业能力培养模式创新 [J]. 广东教育，2020 (1).

我国高校的创业教育研究成果虽较成体系，但从研究的理论体系来讲，一般的培养模式为"理论讲授—竞赛实训—实体孵化"，涉及直接将创新教育与创业教育进行对接转化培养的模式与机制的研究较少。

5.2　大学生对创新创业教育认知的误区分析

高校创新创业教育是什么？如何开展？因学识、专业、理论的不同，可能会有千百种说法。创新对于大学生而言，有时候会显得特别神秘，难以开展，也致使很多大学生对创新望而生畏；而创业，对大学生、教师、社会层面而言，可能理解会有所不同，因此也导致他们产生种种理解偏差和误区。

5.2.1　大学生对创业教育解读容易片面化

创业教育，是培养学生的创业精神、创业意识和创业能力的教育，按照美国创业教育家杰弗里·蒂蒙斯对创业教育的概述，创业是捕捉机会、组建团队、整合资源、进行价值创造的过程。长期以来，人们看到"创业"二字，往往立刻浮现出"办公司""办工厂""开店""做淘宝""天猫""抖商"等概念，这是人们在社会生活中积累留下的第一印象，因而容易将创业教育理解为一般商业教育，或是"创办企业"、从事某种商业活动的教育。对高校教师而言，部分教师容易把创业教育理解为"商业教育"，进而产生创业教育只能由商学院的教师承担的观念；对学生而言，多数则认为创业教育是开办"企业"、从事商业活动的教育。然而这些认识，属于广义创业教育中的狭义创业教育范畴，容易对创业教育产生片面化解读，不利于大学生创业教育的开展。

5.2.2　大学生对创新教育解读容易单一化

创新，一指创立或创造新的，二指首先。它出自《南史·后妃传上·宋世祖殷淑仪》："据《春秋》，仲子非鲁惠公元嫡，尚得考别宫。今贵妃盖天秩之崇班，理应创新。"对创新的初步理解多数为创立或创造新的事物，往往容易理解为对事物的创造，而忽略过程，如方法的改进、创意的复制完善等。基于此，部分大学生，特别是低年级大学生，容易简单地认为创新是要创造一个新的事物或新的发明，单一地认为创新教育就是培养人们创造新的事物或发明的教育，当缺乏系统教育时，容易产生对创新的认知单一化，进而对创新教育产生畏难情绪，没有看到创新实训过程中对创新精神、意识、方法的过程训练。

5.2.3　大学生对创新与创业的内涵联动认知不足

对广义创业而言，从创新到创业，是抓住创新的创意或方法、从方案到实训的过程；

同时也是评价创新产品或方法的价值所在、进行价值创造的过程。对狭义创业而言，从创新到创业，则是将商业价值的创意或方法，进行商业化运营、创造价值和利润的过程。大学生参加创新创业实训，大多数是参加创新创业竞赛，其主流赛事有"挑战杯"全国大学生课外学术科技作品竞赛、"挑战杯"中国大学生创业计划竞赛、中国"互联网＋"大学生创新创业大赛等系列赛及其各级比赛。在这类比赛中，创新实训比赛主要基于大学生课外科研项目研究，创业实训比赛则基于创业教育的各个类型，如科技类、需求机会类、新型产品类等；从往届多个参赛的作品和团队的情况来看，很多时候，参加创新类科技竞赛与创业竞赛的两类作品和团队没有必然的连接。这说明，大学生对创新与创业实训大赛没有联动的思维，缺乏利用专业进行创新实训，开发新的产品、创意、方法，对新的产品、创意、方法进行项目化运营的思维。这不利于创新到创业教育实训的联动，导致部分学生创业实训无法和专业学习深度融合，进而不利于科技知识类创业项目的产生。

5.3　大学生"双创"教育实训平台对大学生创新创业能力培养的优势分析

何为"双创"教育实训平台？在本章中，"双创"教育实训平台主要指的是以创新教育实训平台与创业教育实训平台为基础的实训平台。在"双创"教育实训平台中，大学生通过实训，将创新与创业同专业学习、课外科研结合起来，具备以下的优势。

5.3.1　在实训中形成正确的"创新创业"认知观

国务院办公厅《关于深化高等学校创新创业教育改革的实施意见》（国办发〔2015〕36 号）对创新创业教育提出了"面向全体、分类施教、结合专业、强化实训，促进学生全面发展，推进教学、科研、实训紧密结合"的指导原则，基于此，在大学生"双创"教育实训平台中，主要结合大学生所学专业，以课外科研立项为载体，开展以大学生的专业、兴趣为基础的大学生课外科研创新研究，并引导学生捕捉其研究的产品、创意、方法的价值和意义，组建团队，寻找资源，促进项目的完成。让其在过程中了解，创新教育不仅仅是学习去创造一个新的事物或方法，创业教育也不仅仅是一般的商业教育，而是培养创新精神、创业意识和创业能力的教育，具有战略思维、创新思维、系统思维等教育思维，让大学生在创新创业实训中形成正确的创新创业认知观。

5.3.2　在机制上形成"双创"教育实训循环系统

在大学生"双创"教育实训平台中，第一阶段主要是大学生组建团队，结合专业开展大学生课外科学研究，研究内容可以是科学发明、理论研究、文化创意、美工设计等，在实训中培养大学生的创新科研综合素养，并取得科研学术成果。在完成第一阶段研究后，引导学生进入第二阶段，那就是对研究成功或取得进展的成果进行讨论，讨论其成果的价值和意义所在，能否产生新的价值，如财富、效益、积极的社会影响等。在此过程中，运用创业思维，按照创业的一般模式引导学生对获得的成果进行打造，在创业实训过程中，培养大学生组建团队、进行市场调研、寻找资源、推广运营、获得效益的综合素养，在进行创新创业教育实训中渗透大学生创新创业知识学习，以项目为运行载体，大学生为主要参与者，在创新创业实训中培养大学生创新创业综合素养，实现大学生创新教育与创业教育对接循环，以此建立创新创业教育培养模式和可循环的长效机制。

5.3.3　在内容上形成以专业为基础的创新创业教育

在"双创"教育实训平台中，学生参加创新创业实训，主要以专业为基础，开展专业研究训练，在实训开展的过程中主要涉及专业知识学习、创新方法、科研素养、创新精神、创业能力等综合实践训练，是一个寓理论学习于创新创业实训的过程，学生在实践训练过程中，必须分工合作，按照创新创业实训的实际要求，组建不同专业人员结构的团队，按照创新创业教育"面向全体、分类施教、结合专业、强化实训"的要求，达到"推进教学、科研、实训紧密结合，突破人才培养薄弱环节，增强学生的创新精神、创业意识和创新创业能力"的目的，这些能力的培养，单靠创业理论课程的实施和推行显然是不够的，需要在实训中学习，以项目为载体，使学生更加有目标地学习和实训，在内容上形成了基于专业基础的创新创业实训。

5.3.4　在人才培养上形成导师团与学生共发展的共同体

高校的创新创业导师既包括高校专任教师，具有人力资源、企业管理、市场营销、法律、金融等学科背景的教师，又包括企业创业导师，如企业家、成功创业者、技术创新专家、职业指导师、创业指导师、风险投资家等，他们共同组成高校创新创业教育的导师团。在导师团的指导下，将教师、学生的科学文化创意进行项目化的分解，开展大学生课外科技创新研究，获得成果，以成果为核心，进行创业实训，解决了高校，特别是地方院校教师科技创新创业项目实施人手不足与大学生科研方向知识匮乏的双向矛盾问题。其成功的运行，既使高校教师的科学文化创意得以最大限度地顺利实施、转化，也使大学生创新创业教育有了开展的科学基础和方向，进而使创新创业教育与企业的需求、学科发展、专业学习、科研创新等有机地融合起来，解决了创新创业理论教育的"空""泛""大"等缺点，形成了导师团与学生一同发展的共同体。

5.4　"双创"教育实训平台培养大学生
创新创业能力模式的构建与实践

按照"完善国家、地方、高校三级创新创业实训教学体系，深入实施大学生创新创业训练计划，扩大覆盖面，促进项目落地转化"的改革要求，大学生"双创"教育实训平台以大学生为主体，以学科专业老师、高校创业导师为导师团队，以创新教育实训平台与创业教育实训平台为核心载体，以 2 年为周期，将学生团队的科研创新向创业实训转化，实现大学生创新教育与创业教育对接循环，构建实践型创新创业教育培养模式和可循环的长效机制。

5.4.1　创新教育实训平台的构建

习近平总书记在关于青年学生创新创造的重要论述中讲到"要深化教育改革，推进素质教育，创新教育方法，提高人才培养质量，努力形成有利于创新人才成长的育人环境"，指出了人才创新教育育人环境的重要性。大学生创新教育的根本在于为大学生打造进行创新教育实训的平台，基于此，创新教育实训平台以大学生课外科技实训打造创新教育平台，引导大学生组建团队，以成果为导向，以专业指导教师为导师，将导师已获得的科研项目或即将开展的研究创意进行分解。一方面，专业教师，特别是广大的地方院校或高校年轻教师需要学生科研团队助其落实科研项目的实施；另一方面，大学生进行创新教育实训需要科技、文化项目的支持和方向指导，二者互为支撑，互相推进。在团队对接上，通过微信平台组建导师团队，线上线下与大学生进行对接，组建团队申报学校大学生创新科研立项项目，并冲击大学生国家级、省级课外科研创新项目和攀登计划等，开展创新科研项目研究，引导大学生团队将科研成果投入大学生创新课外科技竞赛中，打造成果，并为"挑战杯"全国大学生课外学术科技作品竞赛和中国"互联网＋"大学生创新创业大赛做好准备。在科技创新、文化创新实训活动中培养学生的创新意识、精神和能力，以此建成大学生创新教育实训平台，其运行时间为 1 年。

5.4.2　创业教育实训平台的构建

高校创业教育，在内，需要高校内部各学科、专业的融合，"探索建立跨院系、跨学科、跨专业交叉培养创新创业人才的新机制，促进人才培养由学科专业单一型向多学科融合型转变"；在外，需要同企业发展相融合，离开企业的支持和合作，创业教育实训只能是"闭门造车"，无法与社会所需接轨，故而需要依托企业的资源和优势，整合校企资源，培养大学生创业所需要的内在品质、思维方式以及外在行为习惯。基于此，在创业教育实训平台的打造中，该平台以大学生创业大赛为主体，与企业（广东凯普生物科技股份有限公司）合作，以1年为运行时间，打造校企合作型的应用型人才创业教育实训平台。在该平台中，主要以高校创业导师、企业创业导师组建导师团队，引导学生组建参赛团队，将成果或创意转化为创业计划训练项目，进行创业实训，以赛带练，在比赛中培养大学生的创业精神、创业意识、创业知识、成果转化、团队统筹等创业综合素养。经过多年的努力，课题组已成功打造具有广泛影响的应用型人才创业教育实训平台。

5.4.3 创新与创业"双创"教育实训平台循环机制的构建

如何实现从创新到创业两个教育实训平台的循环转化？答案在于将创新教育实训平台与创业教育实训平台对接起来。如何对接起来？答案在于创新创业"成果"的转化。经过创新教育实训平台1年的运行，以学生为主体的科研团队，取得了科研创新阶段性成果，并已经在创新教育实训平台进行展示。此时，应引导学生科研团队对其取得的科研成果进行应用价值评估，发现成果的应用性，对科研成果进行创业项目训练，以1年为期，加入校企合作型的创新教育实训平台，在竞赛和创业训练中以赛带练，在比赛中提高学生的团队协助能力和创新创业综合素养；与此同时，在训练中，将成果展示在高校创业导师和企业导师面前，对项目和成果进行评价，从而改进成果、促进创新。这使创新向创业转变，创业反哺创新，形成创新与创业"双创"教育实训平台循环机制。其主要的运行模式如图5-1所示。

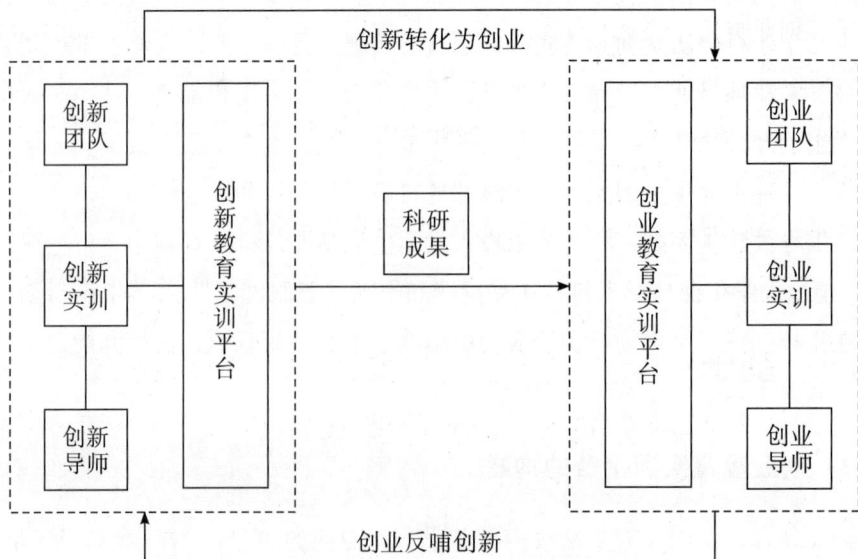

图5-1 大学生"双创"教育实训转化循环系统

5.4.4　创新与创业"双创"教育实训平台的运作（以 2017—2019 年为例）

（1）2017 年 4—5 月，组织各学科专业教师，结合自身的专业学术发展方向，充分发挥骨干教师、年轻教师，或在专业职称、学术教研水平上要求进步的教职工的积极性，组建创新科研导师团队，并将教师自身已获得的立项或计划开展的项目进行分解，做好与大学生创新创业项目申报的对接准备。

（2）2017 年 6 月，邀请相关教授、专家，开展大学生创新创业项目申报专题辅导，积极引导有参加创新创业科研强烈意愿的高年级大学生，寻找相关专业的学生（特别是低年级大学生）组建科研团队，通过微信等媒体平台与相关教师科研团队联系，实现项目对接，并积极申报学校大学生课外科研创新项目，同时为申报国家级、省级课外科研立项，省级及以上"攀登计划"做好准备。

（3）2017 年 7 月至 2018 年 8 月，各立项的科研创新团队开展项目的相关研究，在实训中培养学生的创新意识、创新科研能力，让教师的科研项目得以顺利完成，让广大大学生在活动中获得科研成果，为大学生创新课外科技竞赛，对接学校、省级大学生"挑战杯"课外学术科技作品竞赛、"互联网＋"大学生创新创业大赛做好准备。

（4）2018 年 5—12 月，与广东凯普生物科技股份有限公司合作，打造应用型人才课外学术科技作品创新竞赛（创新类），引导大学生创新科研团队将 2017 年以来获得的科研成果参赛，以赛带练，在比赛过程中提高大学生的团队协助能力、创新精神、创新能力等创新综合素养，并完善科技成果。

（5）2019 年 5—11 月，与广东凯普生物科技股份有限公司合作，联合打造应用型人才创业大赛（创业类），主要引导参加 2018 年应用型人才课外学术科技作品创新竞赛（创新类）的科研团队，将科技成果进行创业转化，撰写创业计划书，参加创业实训比赛，在比赛中培养大学生团队的创业意识、创业精神、创业能力等创业综合素养。通过比赛，听取企业创业导师、高校创业导师对项目的评价，进而重新检阅项目，对创新成果进行完善，形成可循环运行的大学生创新创业教育培养模式和长效机制。

5.5　基于大学生"双创"教育实训平台的大学生创新创业教育培养模式综合评价

5.5.1　形成可复制的大学生创新创业教育培养模式

基于大学生"双创"教育实训平台的大学生创新创业教育培养模式，将大学生的专业学习、课外科研创新训练、创业实训融于一体，符合当前高校创新创业教育改革的要求，且运行效果佳。以该模式的主要实践对象之一——韩山师范学院化学与环境工程学院为例，该学院是韩山师范学院中办学规模中等的二级学院，在该模式下，在每一届"挑战杯"广东大学生课外学术科技作品竞赛与"挑战杯"广东大学生创业大赛中都有学生作品入选并获奖，取得丰硕的成果，形成可持续发展的教育实训模式，具有一定的可复制性。

5.5.2   由模式成熟逐渐走向创新创业教育校园文化

在该模式下，学生参与创新创业教育活动已成为一种习惯。一方面，就运行的模式而言，形成了创新教育实训与创业教育实训双平台转化的机制，相互交替，不断循环；另一方面，对参与的学生而言，形成了高年级带低年级、不断传承的优良传统，使学生一踏入校园就耳濡目染，感受到创新创业教育实训带来的荣誉感、成就感，从而自觉加入创新创业教育实训活动中，在实践中培养创新创业综合素养。

第6章 创业者与创业团队

6.1 创业者

6.1.1 创业者，从来不是天生的

这个世上有些人不愿成为平庸的人，他们不走寻常路，希望改变未来人生的轨迹，因此选择了创业，他们被称为"创业者"。创业者，是指发现某种信息、资源、机会或者是掌握某种技术，利用或借用某个平台或载体，将发现的信息、资源、机会以一定的方式创造更多的财富、价值，并实现自我追求或目标的人。

这世上有这么一群年轻人，他们也许不天资聪慧，也许没有可以依靠的家庭背景，也许穷困潦倒，但是他们拥有不服输、不甘于平庸的心，有着不愿平淡无奇地过一生的坚定信念，挑战与机遇时刻成为他们前进的动力。

"创业"在21世纪早已成为人们能脱口而出的词，各种新兴资产企业的崛起印证了创业的成功，许多创业者的人生经历被写成一篇又一篇的励志故事，马云、马化腾、李嘉诚等著名企业家的成功故事早已让无数的年轻人耳濡目染，而创业成功的机会会留给有准备的人，也会留给善于掌握时间的人。

而创业，自然离不开创新。习近平总书记指出，创新是引领发展的第一动力。"双创"经济的出现，大大缓和了就业压力，同时也有力地带动了国家经济的发展。在创新驱动发展战略大力实行的时代背景下，国家鼓励大学生创新创业，从精神与物质双管齐下，进行帮扶，大力支持大学生创业团队的发展。虽说有国家的支持，但大学生创业本身并不是一件简单容易的事。

通过众多媒体的报道，我们听到了很多关于成功的创业者从一无所有到应有尽有的故事，常常感叹而又羡慕他们的经历是如此传奇，他们的智商很高，他们似乎是天生的创业者，先天条件似乎早已为他们奠定了往后的道路。可是我们又经常忽略一点：一个人纵使

再聪明、再有天赋，没有后天的努力一样会一事无成。《伤仲永》的故事就非常有力地证明了一个天赋异禀的人仅仅依靠先天优越条件而没有后天的努力，也无法成为一个成功的人。创业者亦是，因为创业者从来不是天生的。

1. 成功创业者的后天努力

结合地域的条件与人才的培养，国家鼓励大学生创业，吸取祖祖辈辈的经验，而在众多创业者之中，潮商成为当中的佼佼者。潮商是中国有影响力的商人群体之一，享誉海内外。潮商文化是潮商的灵魂，是潮商几百年来长盛不衰的源泉，是潮商发展壮大的重要软实力，是引领潮商走向世界的精神源泉。有潮水的地方就有潮商。潮汕地区位于广东沿海，海上运输方便，气候宜人，生活舒适，是一个可以扩大发展的区域。天时地利人和，在这样的环境下促使众多有志青年去创业。

近百年来，潮汕涌现了很多著名的企业家，目前中国知名的富豪中有两三成是潮汕人，李嘉诚是当之无愧的潮商代表和潮商领袖。

作为潮商创业者领袖之一，李嘉诚的创业之路与众多创业者一样艰辛困苦。刚上初中的李嘉诚因日军轰炸潮州，不得已与家人辗转到香港，寄居在舅舅庄静庵的家里。但独立自强的李嘉诚不愿长期寄人篱下，选择赚钱养活自己，并从打工经历中发现了创业的机会，创办了自己的长江工厂。回望李嘉诚的创业之路，一路走来并不容易，不断遇到阻碍，但困难从来不是打败他的理由，李嘉诚的创业历程足以映射出潮商的拼搏精神。

仅凭天生的优越条件想在一群"黑马"中杀出重围是不现实的。胜利属于有准备、有付出的人，后天的努力能让创业者获得关键的机会。先天的优越条件仅仅是为创业者的创业之路锦上添花，后天的努力与坚持才是创业者获得成功的关键。

创业的成功靠的就是创业者脚踏实地走好每一步，先天的优越条件从来就不是一个人获得成功的关键因素。这个世界上希望通过创业获得成功的人非常多，拥有聪明的头脑和令人羡慕的才能的人也非常多，但没有一个人能仅依靠先天优越条件而创业成功？芸芸众生，成功的创业者，都是通过后天的不断努力，集聚先天与后天的条件，不断奋斗拼搏、不断探寻未知、不断创新思想，才取得成功的。创业的道路很艰难，但更难的是始终保持着奉献、创新、拼搏、诚信的创业精神。

2. 创业精神是后天培养出来的

潮商中人才济济，许多著名的潮商在各自的行业里散发光芒。有位著名潮商，大家都亲切地称呼他为"林伯"，他就是林百欣，他是比李嘉诚更早的香港最富有的潮商，曾经也是香港的十大富豪之一。

林百欣虽出生于商人家庭，但是他不愿靠父母，当别人口中的"富二代"。他以13元成本起家，独自闯荡香港，一生勤劳，抱诚守真，秉承潮商的敬业、爱国精神，用自己的努力成就百亿商业王国。林百欣在成功之后不忘家乡的孕育，参与了众多慈善公益活动，建立多座校舍，用更多的金钱来帮助有需要的人。乐善好施、永不言弃的林百欣不停地用各种方式来回馈社会。

林百欣的创业道路并不是一帆风顺的，但他不依赖先天的优势条件，一个成功的创业者靠的不是先天条件有多好，而是他在创业道路上的付出。"兼职猫"创始人王锐旭表示："可以说，敢拼敢闯的潮商精神支撑着我实现了自己的创业梦想，家乡对我的影响太大了。"创业道路上从没有捷径，创业就是一个抓住机遇与挑战并不断奋斗的过程，一个从最初的默默无闻，因为心中的不甘与远大理想而抓住机遇，实现创新创业，努力获得成功的过程。

创业者所拥有的创业精神是通过后天学习、社会历练得到的，通过知识面的扩大，了解更多的精神力量，在创业路上不断展示更好的一面；在人际交往中学会诚信、友善；在管理中懂得公平、公正。这些创业精神唯有通过后天的不断努力，才能磨砺而成。

在创业中，潮商的创业精神尤为突出，潮商在艰苦的环境条件下仍能顽强拼搏，弘扬潮商精神。由此可见，其实在创业这条路上先后天条件是有所区别的，因此没有天生的创业者，也没有人可以天生成功。创业路上不容易，只有通过后天的努力拼搏到最后，才能到达成功的彼岸。

6.1.2　创业动机的含义与分类

1. 为什么要创业

"为什么要创业？"这是每一个想要创业的人在创业之前必须想明白的问题。如果还没有想过这个问题，那么，笔者建议最好先别尝试创业。关于大学生为什么要创业，在回答这个问题前，我们先来看一些数据。

根据教育部公布的数据，2019 年应届高校毕业生规模高达 834 万人，比 2018 年多出 14 万人，再创近 10 年毕业生人数新高，就业创业面临严峻的形势。大学生越来越多，就业市场对人才的要求也越来越高，专科、本科学历高不成低不就，当你找不到满意的工作又不愿意给别人打廉价工时，或许你该考虑创业。在此之前，你应该具备良好的创新意识和扎实的专业功底，能运用大学学到的专业理论并用于实践，这样可增大创业成功的概率。

2. 创业动机是什么

做任何一件事情首先必须具备动机，创业也不例外。创业动机是创业者愿意冒各种风险去创立新的企业的激励因素。这些因素中最普遍的是独立性，即不愿意为别人工作。促使创业的其他动力还随性别和国家的不同而有所差异。

研究发现，不同学历的创业者的创业动机有显著差异。在大多数情况下，高学历创业者属于机会型创业，即他们趋向于为了开创事业而努力追求；而学历低的创业者以生存型创业为主导，即他们更趋向于致富或为了温饱。

创业者的欲望与普通人的欲望是有区别的。前者往往超出他们的现实，只有通过不断打破现在的立足点，突破樊笼，挑战极限，才能够实现。因此，创业者的欲望往往伴随着行动力和牺牲精神。其中，行动力是当创业者的身份、地位、财富等与欲望有出入时，想要改变现状的动力；而牺牲精神是对创业过程中所做的取舍，正所谓"舍不得孩子套不着狼"，创业者在创业前必须做好一定的心理准备。创业者的创业欲望往往超出他们的现实。因为欲望而采取行动，进而创业，最后成功，这是大多数白手起家的创业者走过的共同道路。综上所述，想要改变身份、提高地位、积累财富，可以选择创业，这构成了许多创业者的人生目标。而当今巨大的就业压力，迫使大学生成为创业者之一。大学生创业是将他们数十年寒窗苦读所学的知识从书本搬到现实中，并运用到创业活动中，靠创业改变他们现有的生活，实现自己的梦想。

3. 创业动机的分类

本书依据某大学创业培训班在 2010 年 12 月对 300 名大学生创业者做的第一手访谈资料，采用质化研究数据处理软件 NVivo8 对这 300 名大学生创业者的创业动机的类属做了研究，并把创业动机分为两类，即单一类属模型和多元交叉类属模型。而单一类属模型又可以分为生存型、发展型和成就型；多元交叉类属模型又可分为"生存—发展"交叉型、"发展—成就"交叉型、"生存—成就"交叉型、"生存—发展—成就"交叉型等，如图 6 - 1 所示。

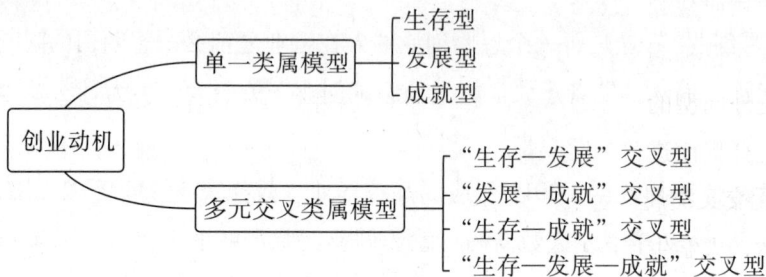

图 6 - 1　创业动机的分类

（1）单一类属模型。

①生存型。

主要包括家庭保障和外在报酬等。那么，这种模型是如何形成的呢？首先是经济的原因：大学的高昂学费，给家庭带来了一定的压力，对于贫困家庭来说更甚。在沉重的经济压力之下，很多大学生为了顺利完成学业，会选择兼职打工。而在打工的过程中，他们或多或少了解了经商的相关知识，其中一部分具有创业素质的人会发现并把握商机，因此开始走上了创业的道路。还有一个原因是就业的需要。当前，我国的大学生就业形势相当严峻，一方面表现为供求关系失衡，另一方面表现为很多大学毕业生不满足当前的工资待遇。因此，这一部分大学生也走上了创业之路。

②发展型。

主要包括个人成长、个人自由、经验积累等。具体表现为提高实践能力、洞察能力和社交能力，丰富生活，接触和了解社会，适应社会等。著名潮商李嘉诚的创业动机也属于发展型，他以追求人格心智的成熟为目标。奥尔德弗的 ERG 理论将人的需求分为生存、相互关系和谐和成长三个部分。这三种需求并不一定按照严格的由低向高的顺序发展，可以越级。正所谓"活到老学到老"，随着年龄的增长，大学生对成长的需要逐渐强烈。部分大学生为了提高自己的能力，为了得到经济收入，为踏入社会提前做好准备，在条件成熟的情况下也会利用课余时间提前走上创业的道路。

③成就型。

主要包括得到社会和公众的认可、实现自我价值、对陌生领域的好奇、个人兴趣、自我雇佣、心灵的愉悦、充实与满足等需要。心理学研究表明，25～29 岁是创造力最为活跃的时期，所以目前"90 后"成为我国创业当之无愧的主力军。这个年龄段的青年正处于创造能力的觉醒时期，思维活跃并且创新意识强烈，他们渴望得到社会的认可，所以创业就成了一个重要的途径。另外，相比十几岁的青少年和已经成家的成年人，这个时期的大学生所受的约束和束缚较少，有利于大学生自主自立地着手准备创业活动。更重要的一点是，由于大学生所处的环境，他们可以与高学历人员进行学术上的探讨，并能接触一些新的发明和学术上的新成果，长此以往，他们可以开始着手科研活动，促使一部分人拥有自主知识产权的科研成果。广东省历史学会副会长黄赞发在《潮商精神与海洋文化》里讲到，潮商的这一精神明显具有海洋文化的色彩。海洋文化的特点就是极富进取性与开拓性，体制上是外向型的，观念上常表现为探索与冒险。在潮汕特有地域文化的影响下，一部分大学生选择提前进入创业生涯。

（2）多元交叉类属模型。

研究显示，大学生创业者创业动机的类属转型并不完全是线性的，它们是多维的、复杂的，即生存型动机、发展型动机与成就型动机会出现多元共生的交叉和叠加现象。

这也是很常见的创业动机类型。从本质上看，生存型、发展型和成就型三者并不矛盾，它们可以相互转化、相互促进。人本身就是复杂的，每个人主观世界的价值取向也不尽相同，自身经历也有较多的差异，这也成为创业者创业动机多元复杂的重要原因之一。同时，库拉特科等通过实证研究提出了创业动机的四因素结构模型：其一，外部激励，主要是金钱和股份的形式。其二，内部激励，指个体的内部需要，包括内部控制需求和成就需求。其三，独立与自我控制。其四，家庭保障，即为自己和家庭提供生活保障。后来，若彼乔德等采用实证研究对上述四因素结构进行了检验，并增加了部分条目，如退休准备、生活改善等。

6.1.3　产生创业动机的驱动因素

在经济竞争、科技竞争和金融危机的时代背景下，我国高校毕业生就业形势不容乐观，"以创业带动就业"成为缓解大学生就业压力的重要途径，许多大学生希望通过创业这一方式打造出自己的一片天地。目前大学生创新创业是个热门话题，无论是国内还是国外，大到政府、社会、企业，小到学校、教师、家长，都在一定程度上支持大学生创业项目。"我身边的创业故事""挑战杯""凯普杯""互联网＋"等一系列大学生创新创业大赛在各大高校内如火如荼地开展。当今有创业想法的大学生人数越来越多，为此付出实际行动的人也不在少数，许多在校大学生正积极地为创业做准备，或者已经投身创业行列，在学校或者学校附近的地方开设店铺，"创业街"成为校园周边一道亮丽的风景线。然而，是什么因素使他们产生了创业动机呢？

创业动机是推动个体或群体从事创业实践活动的内部动因，是使主体处于积极心理状态的驱动力，具有较强的选择性、倾向性和主观能动性。驱动大学生创业、促使大学生创业兴起的因素是多层次的、多方面的、千差万别的，需要从多个角度来分析。

1. 世界大背景的影响

随着知识经济的蓬勃发展和科学技术的突飞猛进，当今世界已步入知识经济时代。一方面，知识在生产力发展中的地位和作用上升到了前所未有的高度，科技进步和知识创新已经成为国民经济增长的决定性因素，移动互联网时代蕴藏着大量的创业机会。另一方面，供给侧改革的核心动力是创新创业，通过"大众创业，万众创新"培育和催生经济社会发展新动力，去除落后生产力，更好地满足各种消费需求。"大众创业，万众创新"的提出把创业、创新、人、企业这几个关键要素紧密结合在一起，不仅突出要打造经济增长的引擎，而且突出要打造就业和社会发展的引擎；不仅突出精英创业，而且突出草根创业、实用性创新。这体现了创业、创新、人和企业"四位一体"的创新发展总要求，揭示了创新创业理论的科学内涵和本质要求，为创新创业理论和实践研究开辟了新天地。

新时代大学生在科技进步、知识创新和社会发展中发挥着巨大的作用，大学的教育理念也随之发生了翻天覆地的变化。培养大学生创业能力是高等教育改革与发展的需要，也是社会发展的需要。因此，高等教育应切实重视培养大学生的创新能力、实践能力和创业精神。寻求充分发展受教育者的潜能和素质、培养创造型人才的最佳途径，成为高等教育面临的一个崭新课题。

在这种大背景下，大学生创业活动在世界范围内广泛兴起，大学生创业开始进入天时、地利、人和的黄金时代。

2. 严峻的就业形势的影响

就业压力也是毕业生选择创业的一个原因。我国正处于产业化、城镇化高速发展的阶段，就业形势十分严峻，比以往任何时候都需要更多的创业者来创造新的工作岗位，减轻就业压力。

自教育部从1999年开始扩大普通高校的招生规模起，我国的高等教育就迅速完成了英、法、德、日等发达国家和新兴工业化国家十几年甚至几十年才完成的由"精英教育"

向"大众化教育"的转变。这一历史性变化既为我国高等教育带来了难得的发展机遇，也给大学生就业带来了巨大的压力，就业形势越来越严峻。随着我国高等教育规模的不断扩大，大量的毕业生涌向市场，而且目前有相当多的用人单位的要求不断提高，市场竞争不断加剧，对人才的知识结构和外语水平提出了更高层次的要求，不仅要求员工综合素质高、专业素质过硬、懂外语、熟悉国际法律和懂得国际惯例，还要求员工具有开拓创新的能力和持之以恒、一丝不苟的工作态度，越来越高的就业门槛使毕业生很难找到令人满意的工作或是短时间内找不到合适的工作，在这种情况下选择创业也是一种无奈之举。

3．国家政策的支持

近年来，国家和各级政府也积极出台了许多相关的优惠政策，以鼓励和支持大学生自主创业，优惠政策涉及融资、开业、税收、创业培训、创业指导等诸多方面，在一定程度上缓解了就业压力，也促进了广大青年走上创业的道路。

（1）扣减营业税个人所得税等，免收有关行政事业性收费。

根据《关于促进以创业带动就业工作的指导意见》（以下简称《意见》）要求，今后还将进一步加大力度、扩大范围采取有效手段推动创业以带动就业工作。在收费优惠政策方面，为了鼓励失业人员自谋职业和自主创业，规定对登记失业人员、残疾人、退役士兵以及毕业 2 年以内的普通高校毕业生，凡从事个体经营的，自其在工商部门首次注册登记之日起 3 年内，免收管理类、登记类和证照类等有关行政事业性收费。免收的具体收费项目既包括国务院以及财政部、发改委批准设立的涉及个体经营的管理类、登记类和证照类等有关行政事业性收费项目，还包括各省、自治区、直辖市人民政府及其财政、价格主管部门按照管理权限批准设立的涉及个体经营的管理类、登记类和证照类等有关行政事业性收费项目。

（2）扩大小额担保贷款范围，提高额度，加大贴息力度。

《意见》提出，积极探索抵押担保方式创新，对于符合国家政策规定、有利于促进创业带动就业的项目，鼓励金融机构积极提供融资支持。为了帮助劳动者多渠道筹集创业资金，2008 年，财政部会同有关部门调整和完善了小额担保贷款政策。在个人小额担保贷款方面，一是扩大借款人员范围。将小额担保贷款借款人范围扩大到所有符合规定条件的城镇登记失业人员和就业困难人员。二是提高贷款额度。小额担保贷款经办金融机构对个人新发放的小额担保贷款的最高额度由 2 万元提高至 5 万元，对符合条件的人员合伙经营和组织起来就业的，经办金融机构可适当扩大贷款规模。三是加大财政贴息力度。对个人新发放的小额担保贷款，其贷款利率可在中国人民银行公布的贷款基准利率基础上上浮 3 百分点，其中微利项目贷款由中央财政据实全额贴息，并通过建立小额担保贷款奖补机制，进一步调动了经办银行、担保机构和信用社区等小额担保贷款经办单位的工作积极性。

（3）提供免费公共就业服务，补贴职业培训技能鉴定。

创业能力是劳动者创业成功的关键因素，为了提高劳动者的职业技能和创业能力，国家制定了免费公共就业服务、职业培训补贴和职业技能鉴定补贴等政策。《意见》要求建立健全面向全体劳动者的免费公共就业服务制度，对劳动者免费提供政策咨询、职业指导、职业介绍等服务。有关部门已提出，对失业人员、符合条件的进城务工农村劳动者参加职业培训的，按规定给予职业培训补贴，对就业困难人员、进城务工农村劳动者通过初次职业技能鉴定（限国家规定实行就业准入制度的特殊工种），取得职业资格证书的，给予一次性职业技能鉴定补贴。同时，各类培训机构要规范培训标准，提高师资水平，完善培训模式，不断提高培训质量和创业成功率。

4. 择业倾向的影响

改革开放初期，人们创业主要是出于经济动机。"穷则思变"，个体户、民营企业主、下海创业者、国企改革家、农村大包干承包者、边贸开拓者等时代风流人物相继涌现。如今，在以经济建设为中心的大环境中，工作的薪资待遇仍是人们考虑的一个重要因素，宁波团市委课题组（2005）根据对宁波市青年创业进行相关调查的结果，得出了求富是青年创业最主要的创业动因的结论。一方面，很多大学生不满足于当前的工作待遇，于是选择了自主创业或者在企业工作积累了足够的经验和人脉之后辞职创业。另一方面，很多大学生认为，创业本身就是一种职业。在就业高峰、大学生就业率低的情况下，选择创业正是为了给自己一片更广阔的天空。

随着经济社会的飞速发展和青年自身生活水平的提高，青年创业动机也逐渐发生了实际性的变化。青年创业动机中经济因素的作用有所下降，机会性动机成分在不断提升。有些创业者表示，与其进入公司被别人改变生活，不如直接创业，改变自己的生活。在企业中，完善的企业管理机制连你上班从公司哪个门进入、用哪一台电脑都规定得清清楚楚。工作事项流程有详细的规定，每天埋头苦干的生活让充满干劲的年轻人感觉很难有自己发挥的余地。从迷茫到自我肯定，从被动到主动，年轻人的自我意识开始觉醒，在择业时，除了公司是否能提供稳定的工作环境和令人满意的薪水，还多了一个重要的衡量因素——兴趣和需求。在他们眼中，工作被赋予了除谋生之外的更多意义，它可以是展示自己兴趣和才华的舞台，也可以是自我实现的途径，而创业正是一个理想的选择。创业往往意味着放弃原来安全、稳定的工作，去尝试有一定风险的活动，带有敢于拼搏、勇于创新的意味，在这个新空间里，资源丰富、前景广阔，可能会带来原有体制所不可能给予的无限可能。这种快速成长带来的新鲜感和挑战性也使走上创业之路的年轻人收获了满足感与成就感。从追求高薪、稳定到追求兴趣和自我价值，年轻人的选择越来越多元化，在做选择时，他们会更尊重自己内心的想法。

5. 自我价值的实现

在一些人眼中，在企业工作往往就是为别人办事，意味着很多事情都得听从领导的安排，而现在很多大学生自我意识强烈，在这样的工作过程中，他们很难体会到自身的价值，而且很多情况下自己努力完成的工作还得不到领导的赞同，于是就觉得替别人打工还不如为自己打工。大部分选择自主创业的学生都是抱着这种心态，创下自己的一番事业，往往会更有工作激情、更投入，从而更容易成功。

　　心理学研究表明，25~29 岁是创造力最为活跃的时期，这个年龄段的青年正处于创造能力的觉醒时期，对创新充满了渴望和憧憬。他们思维活跃、创新意识强烈，同时所受的约束和束缚较少。按照 ERG 需要理论，他们对成长的需要也更为强烈。ERG 需要理论认为，人的需要分为生存的需要、相互关系和谐的需要与成长的需要三个阶段（如图 6-2 所示）。这三种需要并不一定按照严格的由低向高的顺序发展，可以越级。当代大学生随着年龄的增长，对于相互关系和谐和成长的需要逐渐强烈。一部分大学生为了增加自己的实践经验、丰富自己的社会阅历，或者为了自己以后的发展或实现自己的某个目标做好经济上的准备，在条件成熟的情况下也会利用课余时间走上创业的道路。这种类型的创业者往往以锻炼为目的，承受失败的能力较强，同时由于压力较小，失败和半途而废的比例也比较高。

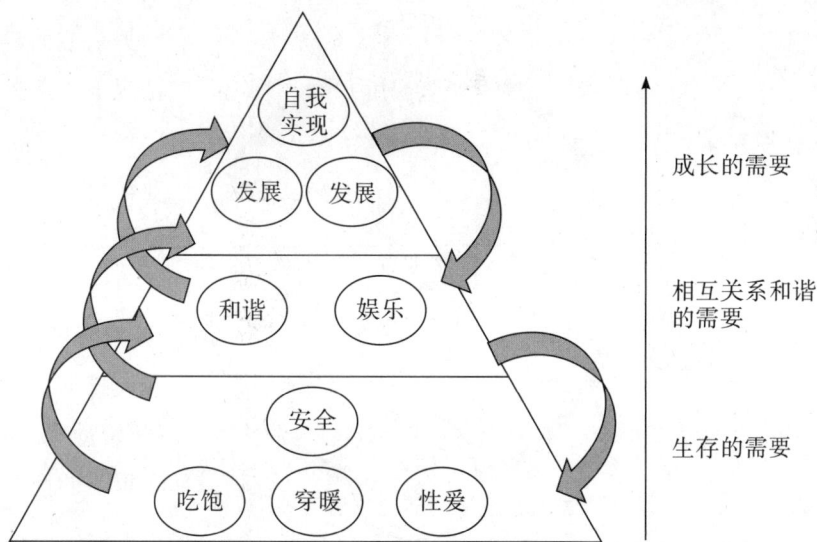

图 6-2　ERG 需要理论

　　麦克利兰也认为，绝大多数个体的注意力集中在成就需要，即追求卓越，实现目标和争取成功。另外，由于大学生所处的环境，他们往往更容易接触一些新的发明和学术上的新成果，或者他们中的一部分人本身拥有具有自主知识产权的科研成果。为了追求自己的目标、实现自我价值，他们之中的一部分人改变了自己的成功观念，也开始了自己的创业生涯。此外，一些自我意识很强的学生在一些单位由于制度的约束，无法按照自己的想法来做事，自主创业可以有较大的空间来发挥、证明自己的能力，实现自我价值，得到社会的认可。

6.1.4 创业者的素质与能力

企业的成败存亡与企业家的素质和能力密切相关。对创业者素质的判断应是科学、系统的，主要包括思想道德素质、生理素质、知识素质、能力素质四个方面。我们可以认为一个创业者素质的魅力取决于其个人素质特征，这种魅力不是资金、技术等可以替代的。创业者的个人优秀素质能带领一个企业走向成功，而企业的成功就是创业团队的成功，可见企业的绩效与创业者的素质密切相关。创业者的核心素质深刻影响创业团队，创业团队的作为影响企业文化，企业文化反映的是一个企业的价值观、做事方式等，它代表的就是一个企业团队的社会观与经济观，从而影响着企业的绩效。

伴随着日益竞争激烈的创业热潮，为了在机遇到来时更好地抓住机遇，大学生创业者预先的一系列准备实有必要。下面就从思想道德素质、生理素质、知识素质、能力素质四个方面阐释创业者的素质与能力（如图6-3所示）。

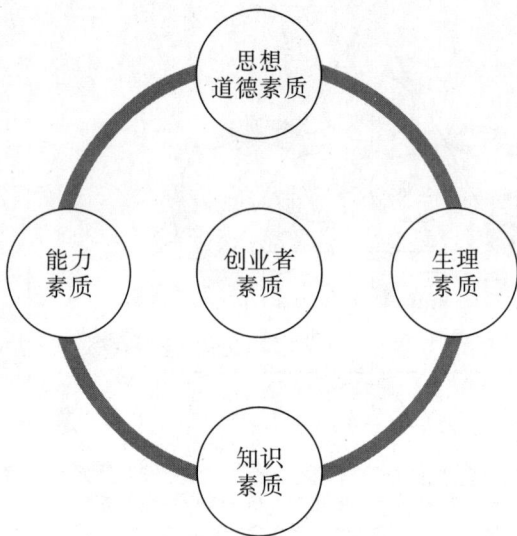

图6-3 创业者素质的分类

1. 思想道德素质

思想先于行动，行动受制于思想。良好的思想道德素质是一个人立足于社会的根本，体现于个人的行为活动。一个优秀的经营管理者懂得如何依据社会规范的要求为人处事，善于发扬其沉淀已久的优秀的职业道德和工作风格，发挥其知识和才能。

高尚的思想道德素质是创业者走向成功之路的必备品质，一个真正的创业者必须遵循社会认同化的商业道德，以身作则，捍卫和遵守本企业所定的道德规范；强化本企业在业界的形象和声誉；维持本企业的道德责任感，以诚信为原则；永远以客户的需求为第一考虑；切实掌握生产和服务成本，获取合理利润；确保安全性和效率；抵制违法和不道德的行为。

2. 生理素质

生理素质包括身体素质与心理素质，如图 6-4 所示。

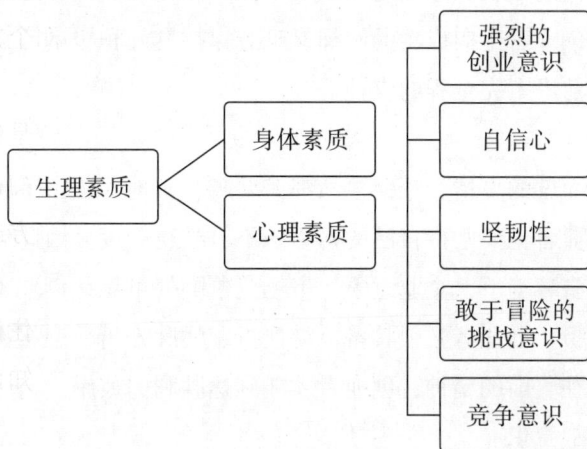

图 6-4　创业者生理素质的分类

（1）身体素质。

所谓身体素质是指创业者的身体条件，代表着创业者的体质强弱。常言道："身体是革命的本钱。"没有强壮的体魄，创业者如何创业？创业过程漫长且艰辛，许多创业者在创业初期受资金、人手等多种因素的限制，往往是独自奋斗。在这个过程中，他们不仅面临外界的压力，还有超负荷的工作。在此情况下，若创业者没有充沛的体力和旺盛的精力，必然力不从心，难以承担创业重任，所以创业者需有强健的身体素质。

（2）心理素质。

所谓心理素质是指创业者的心理条件。创业道路往往是充满艰险与曲折的漫漫长路，存在着许多未知的困难与挑战，如资金的周转、环境的限制、知识的匮乏等，这些可能每时每刻紧随着创业者。面对这些困难，创业者需具有非常强的心理调控能力，能够持续保持一种积极、沉稳的心态，即有良好的创业心理品质。若创业者心理素质不好，一陷入困境就消极颓废，随即一蹶不振，这只会使创业走向失败。只有具备良好的心理素质，在困境中保持冷静与理智，迎难而上，创业之路才能迎来光明。

①强烈的创业意识。

在市场经济大潮中，机会与风险并存。创业的最终目标是获得成功，在市场上占领一席之地，因此创业者必须具备自我实现、追求成功的强烈的创业意识，立志创业、瞄准目标，迈出创业第一步。正所谓"万事开头难"，在创业初期，没有资金与人脉，这都不要紧，关键是需要强烈的创业意识，借助好的思路与想法，勇敢迈出创业的第一步。

②自信心。

乐观自信是创业的补给动力，一个人的自信能给他人带来直观的感受，自信的人的精神面貌始终是绽放光彩的。对创业者来说，信心就是坚定创业的原动力。创业路上，许多意想不到的困难与曲折就像无数个分岔口与分水岭，需要创业者不断坚定自己的信念，坚持自己的初心，跨越一道道坎，才能走向成功。高尔基曾说："书籍是人类进步的阶梯。"在笔者看来，信心是创业者走向成功的阶梯，唯有保持良好积极的心态，每前进一步，获得的成就将是支持创业者走完全程的支柱。

③坚韧性。

世界上没有一蹴而就的事情，任何事情都需要脚踏实地、坚持不懈地完成。创业过程中纵有千难万险，创业者也要坚持自己的初心，不可半途而废，因此创业活动更需要坚持与忍耐。在当今的经济环境下，企业竞争、市场竞争随处可见，创业不可能一帆风顺，难免遭遇各种各样的挫折，创业者必须具备承受挫折、战胜挫折、迎接挑战的坚定信念。只有坚持不懈，具有勇往直前的精神，创业者才能到达胜利的彼岸。

④敢于冒险的挑战意识。

利益必然伴随着风险。在市场中，时势变化多端，竞争激烈，风险无处不在，可能稍不留神就会被市场踢出局。因此，能否在市场中顺势而变，更考验创业者的预估能力。创业者必须具备较强的市场感知力及敏锐的洞察力，看清时局，紧抓机遇，发挥自己最大的主观能动性，将被动变主动，灵活地适应市场的变化。

⑤竞争意识。

在自然社会中，万物适者生存，优胜劣汰。这证明了竞争无处不在。在市场经济中，竞争更是市场经济最重要的特征之一，没有竞争就没有发展。因此，创业者如果缺乏竞争意识，就等于放弃了自己的生存权利。创业者只有敢于竞争、善于竞争，才能取得成功。创业者在创业之初面临的是一个充满竞争的市场，如果创业者缺乏竞争的心理准备，甚至害怕竞争，就可能会一事无成。

3. 知识素质

创业者的知识储备对创业有着举足轻重的作用。在社会快速发展的今天，若创业者只掌握单一的专业知识或是对创业的内容没有深入的了解，要想成功创业是很困难的。创业过程中，需要创业者发挥自己的创造性思维，有效地拉近自己与成功的距离，使创业活动少走弯路。创业者应具备的知识素质的分类如图6-5所示。

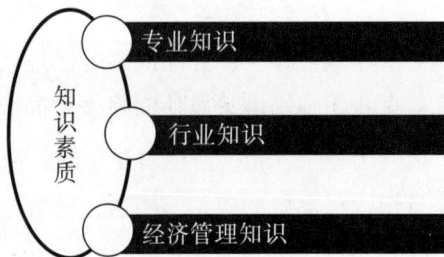

图6-5 创业者应具备的知识素质的分类

（1）专业知识。

专业知识是知识素质的基础，不管人们从事哪种工作，必须要掌握其相应的专业知识，创业者更应如此。如果创业者对自己所从事的行业不熟悉、不了解，那就无法及时掌握行业信息的变化，无法利用行业的特殊性巧妙地进行创业，就无法成功创业。

（2）行业知识。

常言道："不熟不做。"只有真正熟悉行业的运作规律、技术、管理、市场等，才能增加创业成功的概率。每个行业的运作规律、市场、管理方法都有其特殊性，只有对其进行深入研究，才能逐步掌握。若创业者不能掌握本行业的规律，就无法在竞争激烈的市场中站稳脚跟，最终只会是"竹篮打水一场空"。

（3）经济管理知识。

一是涉及创业实践活动的每一个环节：规划、决策、实施、管理、评价、反馈，影响到创业实践活动的全过程。二是涉及创业实践活动中人的选择、使用、组合和优化，涉及群体控制的各个方面：群体目标、群体内聚力、群体规范和价值等。三是涉及创业实践活动中资金的分配、使用、流动、配置等环节的过程。

4. 能力素质

创业要求创业者有一定的能力。在创业过程中，创业者必须不断地学习与成长，提高自身的专业能力素质。创业能力使创业者有更多的发展空间，尽可能在创业领域游刃有余。创业者能力素质的分类如图 6-6 所示。

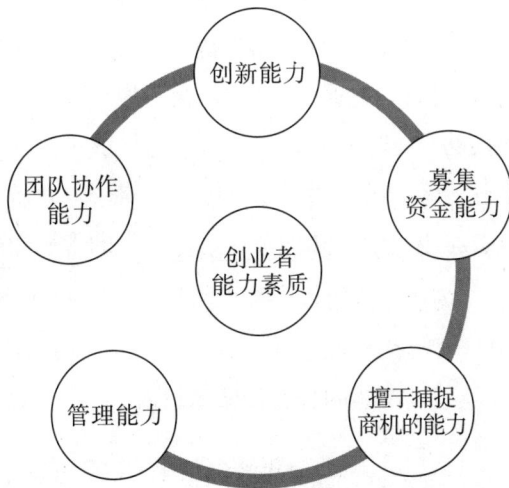

图 6-6　创业者能力素质的分类

（1）创新能力。

创新是可持续发展的原动力，是思维和创造的再造。只有不断创新，企业才能在激烈的市场竞争中脱颖而出。

创新能力是指创业者能够运用自己的知识储备，在事物原有基础上加以改造创新，这需要创业者有极强的洞察力与想象力。创新不是凭空产生的，创新需要创业者长时间的思考及判断，通过总结分析过去的经验，创造出新的理论与方法。创新能力使创业者能适应市场的瞬息变化，及时调整企业的经营方向，使企业能够在竞争中稳步前进。

（2）募集资金能力。

创业者应该有灵活筹集、运用和调配资金的能力。这种能力的产生正源自他们本身具备的良好理财能力，并且可以让这种理财能力准确无误地应用到企业的理财活动中。只有这样，创业过程中所遇到资金问题才会更少，创业企业的理财活动才能提升效率，资金的风险性才会尽可能降低，其创业资金的效益才会更高。

（3）擅于捕捉商机的能力。

创业者的敏感，是对外界变化的敏感，尤其是对商业机会的快速反应，帮助创业者把握创业的最好时机。

（4）管理能力。

创业者的管理能力不仅是对团队的管理，更是自我管理。只有自身的约束成为一种潜在的影响力，才能高效管理团队。在面对团队成员时，创业者不仅要有威信，更重要的是要与成员之间形成协同共进的默契，不是强制要求成员必须去做，而是让成员主动完成工作。这都要求创业者有较强的管理能力。

（5）团队协作能力。

"众人拾柴火焰高"，一个默契的团队的力量是不可估量的。在创业中也是如此，创业历程漫长且艰辛，只靠一个人的力量往往不能坚持下去。面对各种烦琐的事情，往往需要一个团队的成员各自负责自己所擅长的领域。这能极大地提升企业在市场的竞争力，推动企业不断发展，最终获得成功。

创业考验的不仅仅是创业者的某一项素质与能力，对于创业者来说，每一项素质与能力都不可或缺，因此创业者应不断学习和借鉴，培养自己的素质和能力。

6.2 创业团队

6.2.1 "爱国—奉献"：创业团队的第一社会责任

创业过程是漫长而艰辛的，创业的成功不仅取决于创业团队能否把握时机并不断拼搏进取，还意味着团队的创业活动在提供产品或服务的同时，要进一步符合道德规范并承担一定的社会责任。创业团队通过良好的行为表现获得社会的广泛认可，才是创业活动过程的成功。大学生创业团队在潮商精神的引领下，该承担哪些社会责任？创业者不只是追求利润，也要追求与客户的关系——亲善、仁义，这正是潮商创业精神强调的对社会的一种责任。融入潮商精神的大学生创业团队应该秉持"爱国—奉献"的社会责任，从三个方面承担自身的社会责任（如图 6-7 所示）。

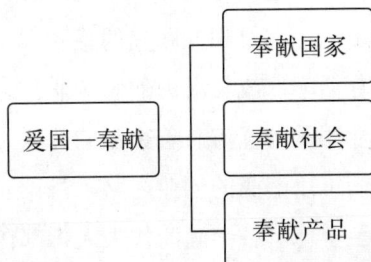

图 6-7　"爱国—奉献"的三种表现

1. **奉献国家——为大学生提供更多就业机会的责任**

人力资源既是企业发展的支撑力量，也是社会的宝贵财富。随着义务教育和高等教育的不断普及，大学毕业生数量激增，该群体的就业压力逐年增加。面对严峻的就业形势，创业逐渐成为大学生的热门选择。大学生善于运用系统的思维能力、问题处理能力及创新能力发掘当今中国企业急需的服务业以及行业空缺，开启自身的创业之路，这在一定程度上能够为大学毕业生提供更多的就业机会。

当我们通过自主创业打开"就业"这扇大门时，大学生就业难的现状将在一定程度上得到改善。这就是创业团队奉献国家的一种表现，创业团队在创业的同时也吸纳一定的社会人才，履行对社会的责任。

2. **奉献社会——节约资源的责任**

鉴于创业团队在创业活动之中通常会动用一些社会资源，创业团队需要承担起保护环境、节约资源的社会责任。

我国虽是一个资源大国，但人均资源短缺，因此，企业的发展更应顺应资源的存量。随着经济的高速发展，全球环境日益恶化，尤其是水、大气等自然资源污染日益严重，给人类的生存和发展带来莫大的威胁，环境问题成了经济发展的瓶颈。为了人类的生存和可持续发展，创业团队必须从长远利益出发，顾全大局，在创业活动中要时刻警醒自己，承担起节约资源的责任。

3. **奉献产品——向社会提供优质产品和高质服务的责任**

创业团队的本质目的就是制造优质产品以及提供高质服务。而这恰恰是企业立身之本，同时也是企业无可推卸的社会责任。当今一些企业为了追求利润而做出的有损于社会公德的事，如产品质量差、偷工减料等，或者服务态度差等，这都与潮商创业精神中的"爱国—奉献"大相径庭。在创业过程中，创业团队应该将潮商创业精神铭记于心，向社会提供优质产品和高质服务，承担起对社会的责任。

6.2.2 创业团队对于创业的重要意义

创业者想要创业，除了有个人的想法与能力外，还需要各方面条件的协助和扶持。创业团队是为进行创业而形成的集体，它使各成员联合起来，在行为上形成彼此影响的交互作用，在心理上意识到其他成员的存在及相互归属的感受和工作精神。创业团队对公司绩效的影响，尤其是对获利率、存活率、成长潜力的影响非常大。很多证据都显示，一个新创事业成长潜力的高低与其创业团队的优劣有着很强的关联。

在众多的创业团队中，我们可以潮商的创业之路来讨论。众所周知，潮商文化不仅在潮汕地区出名，更享誉全国乃至全球。各个潮商代表人物都在不同的领域充分展示潮商的创业精神，也不断涌现出各种类型的人才，创业团队更是不可忽视，在创业成功的过程中发挥着不可或缺的作用。

著名潮商马化腾创立腾讯，成功的同时离不开五兄弟共同创建的团队，马化腾曾说："我认为腾讯的成功，首先就是技术、产品和用户感要非常强。其次，团队稳健、股东架构稳健很重要。"由此可知，腾讯企业成功的原因之一在于马化腾能很好地调节一个团队的分工合作，充分发挥出人才的优势，创业团队的付出与协助体现出团队在创业中的重要性，也体现出潮商的团结精神。从古至今，潮商的创业精神一直都是我们学习的目标。

马化腾曾在接受采访时提到，从古至今，潮汕人以敢拼敢闯、勤劳聪明、善于经营闻名于世，做事方面有"种田如绣花"的美誉。特殊的地理因素培养了潮汕人拼搏、务实、精细、团结等品质。潮汕传统文化基因中，诸如尊师重教、脚踏实地、敢为人先、开拓创新、慈善诚信等优秀品质，都是值得学习的。

在创业中，创业团队的存在不可否认会带来更多的机会与挑战，可从以下几个方面了解：

1. 创业团队是创业的基石

创业者在制订创业计划时会集聚各种创想构思，并为以后的创业之路制订好每一步的计划。但是创业者的成功并不是一日完成的，也并不是一人建立的。一个优秀的创业团队在创业的发展历程中会更加如鱼得水，这也是创业中必不可少的因素。在创业的各个阶段中，起步、发展、到达巅峰、平稳，每一过程都不可忽视创业团队为之付出的努力与汗水。因此，创业团队是创业者的基石。

2. 创业团队的协助是创业的命脉

在创业过程中，创业者难免会遇到创业的瓶颈期，会面对资金缺乏、创意空白期、市场不景气等众多难题，甚至有时还要面临突发状况的应对。这时，如果创业领导者选择独自承担所有的责任，那么创业公司很大可能会发生变故。我们知道一个人的能力是有限的，即使智商、能力、技能很强大，但是有很多根本的问题并非一人能解决的，因此创业团队的协助更为重要。

创业团队在创业中可谓重要的命脉，团队的协助会加快公司的运转，提升项目任务完成的速度。团队的创立本身就是要团结，共同合作，互动互进，一起分享成功，一起承担失败。团队要有向心力，有共同的目标才能共同前进，这点在初创团队中尤为重要。创业的重要核心部分就是团队，关系到前途命脉。团队的合作才是解决问题的根本，创业团队的共同协助才是扭转命运的关键。

3. 创业团队是创业最大的资本

成立自己的公司或店铺，在创立之初要有基本的资本来维持，有足够的资本才能运营下去。有了资本，创业才能持续下去，那么也可以认为创业团队同样是一个重要的资本，创业需要的是人才，创业领导者选择合作伙伴或团队时要看到别人的闪光点，注重培养人才，根据其拥有的技能安排在各领域中，如会计专业可以帮忙理财，法学专业管理法务等，识别并充分发挥团队成员身上的优点是创业中最大、最重要的资本。

4. 创业团队让创业之路不孤单

常言道："一个人可以走得更快，一群人可以走得更远。"一个人可以自由自在地干很多事情，自己的想法不受干扰，前进的道路更加顺畅。但有时不可否认的是团队合作会让整个项目工作更加流畅，集聚众人的意见和想法，思想与心灵连接在一起，团队的团结、诚信、信任的力量使创业的道路拓展得更远，方向更加明确。因为有了团队得力的帮助，创业者在这条艰难的路上越走越自信，不再孤单。

创业过程中，如果没有创业团队，就像自己一个人划着一艘小船，在已探清深浅的地方划来划去，虽然不会沉没，但也去不了遥远的大海。而如果有了一个创业团队，才可以有机会乘风万里，才有可能创业成功。因此，一个团结的创业团队会带领创业者"直挂云帆济沧海"。

6.2.3　"创新—创业"：创业团队组建

在创业初期，很多人可能会存在不懂如何预估并分配资金、缺乏执行力等问题，如果没有一个能统筹全局的优秀团队，企业可能会面临资金风险，甚至可能会直接导致创业失败。

团队是由员工和管理层组成的一个有共同理想目标、愿意共同承担责任、共享荣辱的共同体。团队在发展过程中，经过长期的学习、磨合、调整和创新，形成主动、高效、合作且有创意的团体，并不断解决问题，实现共同的目标。一个优秀的团队能够带来的绝对不止 $1+1=2$ 那么简单。马云的阿里巴巴也不是一个人干起来的。他的背后如果没有一个兼顾全局的团队，也许阿里巴巴的老板就花落别家了。可见，科学合理的团队组建对创业者意义重大，不可小觑。那么，创业初期乃至创业中的团队应该怎样运营呢？

俗语称："天下熙熙，皆为利来；天下攘攘，皆为利往。"古往今来，多少商人为了蝇头小利而争得头破血流，多少老板为了私欲"吃独食"，久而久之必将导致合作伙伴的流失。好的合伙人，不仅要"共患难"，也不能忘了"同富贵"。

李嘉诚应邀到中山大学演讲时，学生们向他请教有关经商的秘诀。李嘉诚说，其实他经商并没有掌握什么秘诀，如果非要说有的话，那就是他与人合作，如果赚10%是正常的，赚11%也是应该的，那他只取9%，所以他的合作伙伴就越来越多，遍布全世界。共赢才是真的"赢"，只有互利互惠的关系才能长久，只有懂得和学会与伙伴分享的人才有可能成就大事业。

1. 组建原则

组建一支目标一致、优秀团结的创业团队，应该遵循一定的原则，让创业团队有效高效地投入工作中。

首先，"主人翁式"的团队组建需要遵循合伙人原则。只有把员工当成"合伙人"，企业才能快速发展。创业团队的组建不同于企业招员工，创业团队招的是"合伙人"，"合伙人"要有主人翁意识，把创业作为自己的事业，这样才有创业成功的可能性。而潮商受本土地域文化影响，创业者经商时一般都会找熟悉、信得过的"合伙人"作为自己创业的搭档之一，即"不熟不做"。倘若大学生创业团队能够借鉴潮商的做法，无疑是一种很好的知识经验迁移方法。所以创业团队要先解决好价值分配障碍，寻找最适合自己团队的"合伙人"。

其次，团队组建需要遵循团结合作原则。亲如一家人的工作状态才是创业团队真正需要的。成员应该各司其职、同甘共苦，将团队意识融入工作当中，将团队利益放在首位，团结合作，共同奋斗。潮商的成功就在于他们在一定的历史条件下形成了进取精神、诚信意识、群体观念，这种价值理念也贯穿到潮商的经营意识、组织管理和心智素养之中，可谓潮商文化之魂。因此，把握潮商的文化之魂、贯彻团队群体观念不可忽视。

最后，互补性原则也是组建一支优秀创业团队必不可少的。个体创业者寻求"合伙人"大多是因为自身能力与梦想之间的差距，故而需要以彼之长，补己之短。当创业团队的知识、能力、经验等方面处于互补状态时，才能够高效合作，发挥出团体的最大效益。这也就是要求在组建团队时尽量不要安排能力相似的人负责同种性质工作的原因。因为优势重复，对同一问题的看法有分歧时，必定会出现矛盾，从而影响团队的团结，不利于创业团队的发展。因此，团队组建时重视互补性原则，是团队高效运行的必要保障。

2. 组建流程

首先是明确创业目标。创业团队的最终目标就是团队领导者和成员成功完成自己的创业活动。团队成员需寻找各自创业目标中的同一性，达成基本共识。在确立总目标之后，要善于将总目标不断分解成每个阶段的小目标。

在明确创业目标之后，应重点进行创业团队的优劣势分析。创业者对自己的创业活动要有足够清晰的认识，走一步看三步，分析在创业活动中可能遇到的机遇、挑战及优劣势，扬长避短，更有方向性地去组建自己的创业团队。

其次是寻找合适的人才和职权分化。一般而言，创业团队需要技术、管理和营销三个方面的人才，缺一不可。不仅要寻找这三个方面的人才，而且这三者需要形成良好的沟通协作关系。在此基础上进一步进行有效的职权分化。根据创业目标，科学合理地确定每个创业成员的职责与权限。另外，要根据团队内部环境和外部环境的变化，及时对职权做出调整。

最后也是最重要的一点就是建立创业团队制度体系。"无规矩不成方圆"，这对团队运营也同样适用。科学合理的团队制度体系能够约束并激励团队成员，避免成员之间产生不必要的争端，确保团队的高效运转，而且相应的激励机制能够调动成员工作的积极性，有利于提高工作效率。

（1）创建要素一：知根知底的团队成员。

潮商素有注重"家己人"的情愫与抱团作战的传统。一般来说，寻求内部凝聚力、向心力以及认同感、归属感，是任何商帮团体的共性特征，不过潮商在这方面显得尤为突出。

"家己人"的经商理念在潮商中应用得淋漓尽致，所谓"家己人"，主要指家族中的人，或者朋友推荐的人。潮商不仅在生意上讲究"不熟不做"，用人也是如此。

团队成员间知根知底的关系有助于培养合作信任，放心把"后背"交给彼此，而熟悉自身和伙伴的优势与不足有助于避开因为不熟悉而产生的各种矛盾，于团队而言可以尽可能地少走弯路，发挥团队最大的优势，"知己知彼，百战不殆"就是这个道理。

（2）创建要素二：统筹全局、分工明确。

一个优秀的团队少不了头脑清晰、善于纳谏的领导。他能根据市场的变化及时做出应对策略。而对于有决断权的领导而言，独断是一大忌。

正所谓"一个篱笆三个桩，一个好汉三个帮"，一个人的力量是有限的，一个优秀的团队也少不了各有所长、各司其职的成员。做好分工，明确各自的责任，有利于团队有效运转。

（3）创建要素三：有基本的团队章程和奋斗目标。

在创业之始，成员之间尤其需要达成共识，有相同的奋斗目标。

有这么一件趣事：有个人到俄罗斯旅游，早餐时坐在饭店的窗边，看到街上有两名工人在挖洞，前面一位刚在地上挖了个小洞，后面的人接着就把泥土回填进去。他观察了很久，越看越奇怪，实在想不透这两个人在干什么。于是走出饭店，亲自向他们询问："请问你们在干什么？"他们回答说："我们在种树苗。"游客东看看、西看看，别说是树苗，连种子也没看到，于是问："树苗在哪？"对方回答说："是这样的。我们三个人一组，我负责挖洞，他负责填土，那个负责拿树苗的今天请假。"

虽然是一件趣事，但也表明了一个道理：一味地埋头苦干、只顾分工，而没有共同奋斗目标的团队也等于没有团队。如果把团队比作一个生命体,领导是头脑,各成员是躯干,那么团队的共识就是内涵、灵魂,没有共识的团队是走不远的。

6.2.4 "诚信—友善"与"团结—拼搏":创业团队管理

在当今的经济发展条件下,创业者想要靠个人努力获得成功是十分困难的。一个企业要想持续发展壮大,需要依靠团队的力量。在创业初期,团队成员比较少,结构、职权等方面不明显,而且企业发展之后,很可能机构、结构更加不合理,部门、岗位职责都不清晰,每个人不能很好地做到"在其位,谋其职",造成不必要的人力资源浪费。因此,需要对团队进行管理,提倡一种"诚信—友善"与"团结—拼搏"相融合的管理方式,既要发挥创业团队领导者的核心影响力,又要凝聚创业团队成员的强大力量,从而确保每个团队成员在创业中的主体性,同时也不会影响到创业活动的实施。

1. 发挥创业团队领导者的核心影响力

在创业团队的日常管理中,必须要有一个核心的团队领导者。他的领导能力是至关重要的。正所谓"上行下效","上有所好,下必甚焉",领导者的一言一行会直接影响员工甚至整个企业的精神面貌。

一个优秀的团队领导者需要具备诚信、友善、团结、拼搏的基本素质。团队领导者在企业文化建设中承担着影响、示范作用,"言必行,行必果",一个讲诚信的领导人才能收获团队的信任。团队领导者要对客户讲诚信,做到求真务实;也要对员工讲诚信,明确奖惩制度,保障员工权益。同时,团队领导者应该是亲切友善的,要为人谦逊,不摆领导架子,懂得换位思考,平易近人,按照"以人为中心"的原则,从工作、学习、生活等各方面关心员工,为员工排忧解难,以友好、平等、真诚的态度对待员工、团结员工,与员工交流思想,像朋友一样共同成长和进步。"爱岗敬业、争创一流,艰苦奋斗、勇于创新,淡泊名利、甘于奉献"的劳模精神,是我们的宝贵精神财富和强大精神力量。习近平总书记在《推进党的建设新的伟大工程要一以贯之》中强调:"看一个领导干部,很重要的是看有没有责任感,有没有担当精神。"可见,一个优秀的企业领导者应该具有敬业精神及拼搏精神,对待工作一定要有高度的责任感、使命感和紧迫感。群众的眼睛是雪亮的,一个领导干部是否负责尽职,通过他做的事情就能看出来。领导者要有责任心,就要善于谋事,敢于干事,会干事,干成事。

"一个领导者最重要的才能就是影响文化的能力。"美国著名学者埃德加·沙因在《企业文化与领导》一书中这样说。从一定程度上看,企业领导者的素质决定了企业的素质,因此,成为一个具备诚信、友善、团结、拼搏等基本素质的领导者是团队管理的关键。

2. 凝聚创业团队成员的强大力量

一个创业团队最重要的就是创业成员能力的互补性,企业的竞争也就是人才的竞争。

企业资源的优化配置以及如何发挥出人力资本的作用是创业团队需要进行管理的。大学生创业团队要想在竞争中夺冠，最重要的是将团队的人力资源合理规划并进行高效的管理。

张正平的《企业管理五梯度》一文将企业管理的内容概括为五个方面，分别是计划管理、流程管理、组织管理、战略管理、文化管理。这五项内容是递增的梯度关系，要求企业依次实行这些管理内容。

（1）计划管理。

无计划不成序，计划管理是企业经营活动的基础性工作之一，企业通过编制科学的计划，并对其进行有效的检查、调整、执行，便能极大限度地提升企业经营效益和效率，为企业的可持续发展奠定良好的基础。计划管理按其特性定位，可划分为三个阶段，即事前管理、事中管理、事后管理。首先，事前管理主要是企业依据各项基础性条件，编制各项、各类企业经营活动计划书，对计划书的可行性、可靠性形成审核体系，保证审核效果，从而确保计划可行、可靠。事中管理则是跟踪执行效果，确保计划执行的效率，对计划执行过程中出现的各类偏差，既要超前预测，又要提出有效的应对措施。在计划实施完毕后，就需要进行事后管理，主要包括绩效考核、总结经验、吸取教训、汇编材料、归档备案。

（2）流程管理。

提高企业效率的关键是加强流程管理，实现流程管理需要改变传统管理的一些习惯，要敢于打破职能习惯，如果只关注部门的职能完成程度和垂直性的管理控制，部门之间的职能行为往往缺少完整有机的联系，就会导致企业总体效率下降。同时，还要培养系统思维习惯，将企业的行为视为一个流程集合，对这个集合进行管理和控制，强调全过程的协调及目标化。每一件工作都是流程的一部分，是流程的节点，它的完成必须满足整个流程的时间要求，时间是整个流程中最重要的标准之一。学会运用思维调整工作排序，安排合理的时间进程，限定目标数量及完成时间，这样才能高效地完成工作。

（3）组织管理。

权力与责任一直是管理中需要平衡的两个方面，让这两个方面处于平衡状态是组织管理要解决的问题。在其位，谋其职，负其责，尽其事，负责好自己工作范围内的事情。如果逾越自己的权力范围做出一些指令，很可能导致团队中其他人无法很好地完成工作，还可能由于自己的不专业引来一些不必要的事端和问题，进而影响企业工作的正常开展，因此，组织管理尤其重要。组织管理包括组织设计、组织运作、组织调整，要求企业有效地配置企业内部的有限资源，按照一定的规则和程序构成一种责权结构安排和人事安排，在企业管理中建立健全的管理机构、合理配备人员、制定各项规章制度等。

（4）战略管理。

面对激烈的市场竞争与变化多端的经营环境，企业需要具备快速准确地做出反应的能力，企业要善用"战略"，正确分析商业环境，根据企业外部环境和内部经营要素确定企业目标，保证目标的正确落实并使企业使命最终得以实现，在维持原有核心竞争力的同时，持续地获得新的核心竞争力。战略管理就是依据企业的战略规划，对企业的战略实施加以监督、分析与控制，特别是对企业的资源配置与事业方向加以约束，最终促使企业顺利达成企业目标的过程管理。企业自己需要审查经营的业务，提高培养资源、创造新资源的能力，观察市场需求和技术演变的发展趋势，通过运用企业的创新精神和创新能力，独具慧眼地识别本企业的核心竞争力发展方向，并界定构成企业核心竞争力的技术。

（5）文化管理。

企业文化决定了企业的内部凝聚力和外部感染力，优良的企业文化能够赋予员工相同的使命、愿望，而这些因素会影响员工的价值观、思想等。企业文化需要通过各种各样的文化活动和宣传活动来让员工了解企业一以贯之的价值观和理念，培养员工诚信、友善、团结、拼搏的基本素质，调动员工的工作积极性，使员工能够在内心深处认同企业规章制度，为实现企业价值最大化贡献自己的力量。企业是员工实现劳动价值的场所，如果员工能够认可企业的文化，那么对企业的发展也会带来提升作用。

第 7 章　创业资源

7.1　创业资源概述

7.1.1　创业资源的内涵与种类

1. 创业资源的内涵

创业资源是指创业者在创业过程中所拥有的或所能利用的促进创业目标实现的各种资源的总称。创业资源之于创业活动具有不可替代的核心作用。如果创业是火箭，那么，创业资源就是为火箭提供动力的燃料。有了燃料的支持，火箭才能一飞冲天，飞向浩瀚苍穹；有了创业资源的助力，创业者才能在创业之路上过五关斩六将，打造属于自己的商业帝国。

2. 创业资源的种类

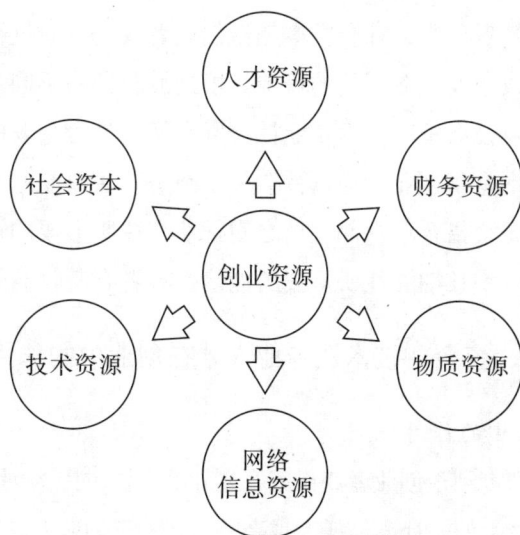

图 7-1　创业资源的种类

（1）人才资源。

新创企业所吸收的能够促进企业运转的专业人才及其人才群体所具备的专业知识和技能称作创业资源中的人才资源。

（2）财务资源。

财务资源是指企业本身所能支配的资本及在吸收和利用资本过程中所形成的独特的财务专用性资产。从形态上，具体可分为有形财务资源和无形财务资源。所谓有形财务资源可视为资金，而无形财务资源即企业在利用资本的过程中所形成的财务关系、财务管理制度、财务信息等。

（3）物质资源。

企业通过一系列资本交易所得的自然资源称为创业资源中的物质资源。常见的物质资源有土地资源、矿物资源等。

（4）网络信息资源。

网络信息资源是指在现代信息技术高速发展、国际互联网广布世界的背景下，通过网络通信的方式，文字、图像、声音等以数字化的形式在不同设备上所显现的各种信息资源的集合。当今时代是大数据时代，是数字经济时代。随着互联网技术的发展，丰富的信息游走于星罗棋布的网线之间，越来越多的人通过网络便可洞知天下事，这也为创业者提供了丰富的信息资源。

（5）技术资源。

所谓技术资源是企业独立做出技术决策，从而对现有产品或技术进行改造创新的一种能力，是企业将新技术与现有技术更好地匹配的一种技术诀窍。

（6）社会资本。

对于社会资本，不同的学者具有不同的定义，但都提出了社会资本与社会关系网络具有一定的联系。因此，笔者认为，社会资本是指创业者或企业通过社会关系网络长期交往所形成的能够为创业者或企业获取利益的资源。根据拥有者的不同，社会资本可以分为创业者个人社会资本与企业社会资本，而企业社会资本又可分为企业内部资源和企业外部资源。创业者个人社会资本是指创业者通过社会关系网络（主要是基于信任）从家庭外部获得的资源。企业内部资源是指企业内部人员之间长期交往所形成的资源，而企业外部资源是指企业与其他企业或组织长期交往所形成的能使拥有者有所收益的资源。

7.1.2 社会资本、资金、技术及专业人才在创业中的作用

1. 社会资本在创业中的作用

创业者个人社会资产有利于创业者获得家庭之外的资源。因为创业者个人社会资产是建立在创业者的社会信任之上的，社会信任度越高，越有利于创业者获得家庭之外的支持。

企业内部社会资产越多，越有利于提高企业的运转效率，降低企业内耗。这是因为企

业内部人员在长期的工作接触中彼此了解，互相信任，能够营造一个良好舒适的工作氛围，从而调动人员的积极性，最终达到提高企业运转效率、降低内耗的目标。

企业外部社会资产有助于降低交易成本。企业在寻找合作伙伴的过程中往往会选择有长期合作关系或者声誉较好的组织，因为这些组织的可靠性较高，降低了合作过程中的风险，同时降低了与该组织之间讨价还价的成本以及重新选择合作伙伴的成本。社会资本如此重要，潮商也深知其重要性，李嘉诚就是最好的例子。

诚信是李嘉诚的一张名片。他利用这张名片赢得了良好的合作伙伴关系。曾有外国商人认可李嘉诚塑胶产品的优良质量和他经营企业的真本领，提出大量订货的要求，但前提是要有值得信赖的厂商为他担保。在当时你争我夺的香港，李嘉诚深知要找到一个能为自己企业作担保的人绝非易事。于是率真的他选择告知外商实情。外商被他的真诚打动，于是决定与他签订合同。但面对数量如此庞大的订单，李嘉诚知道资金紧缺的他承担不起。因此，他再次选择对外商坦白。外商再次被李嘉诚打动，毅然选择与他达成协议，并提前支付货款，为李嘉诚提供了扩大生产所需要的资金。秉承潮商诚信经营的精神，李嘉诚与客户之间形成了良好的合作关系，而良好的合作伙伴关系也为他带来了资金的支持。

2. 资金在创业中的作用

资金是创业过程中的流动血液，为创业过程中的各种活动输送"营养物质"。人才的引进与培养、物质资源的开发、技术的研发等都需要资金的投入。资金是创业最必不可少的资源之一，没有资金，企业就缺少活力，很容易在残酷的商业竞争之中节节败退。

3. 技术在创业中的作用

技术资源对企业内部管理模式与生产流程起决定性作用。在企业的内部运营过程中，无不需要技术的支持。优秀的技术资源往往能够为企业提供更合理的运营方案，从而提高企业的生产效率及员工的工作效率。

高质量技术资源能为企业带来更丰厚的利润。这是因为高质量技术的模仿难度大，垄断力量更强，能够带来更多的利润。例如，索尼凭借它的高新技术曾在我国的电视机市场中创造出在销售量相同的情况下，收益却远远大于我国电视机企业的神话。

高新技术让企业发展更长久。企业在发展过程中不是一帆风顺的，往往会遇到瓶颈期。若不打破瓶颈，企业很容易在优胜劣汰的市场中被淘汰，而创新技术能帮助企业在市场中打破瓶颈、脱颖而出。

4. 专业人才在创业中的作用

人才是企业发展的基础要素。企业的创办不仅需要明智的创业者，也需要专业人才。古语有言，术业有专攻。偌大的企业，创业者不可能事事都亲力亲为，也不可能凡事都能兼顾得到，此时就需要各种各样的专业人才为其"分忧解难"。专业人才与企业的技术水平密不可分。技术的研发需要各种各样的专业人才出谋划策，专业人才的水平也为技术的研发奠定了基础。

7.1.3 影响创业资源获取的因素

创业资源获取是创业者通过亲属、朋友、投资商等社会关系网络获取所需资源的过程。那么，影响创业资源获取的因素有哪些呢？笔者将影响因素分为创业者个人因素与企业因素两大类，如图 7 - 2 所示。

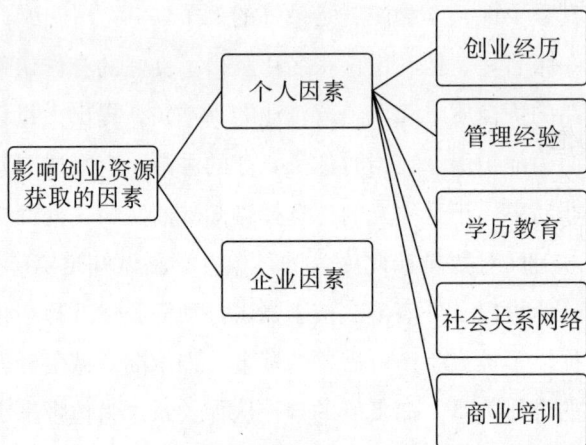

图 7 - 2　影响创业资源获取的因素

1. 个人因素

根据资源获取的内涵可知，创业资源获取与创业者息息相关。创业者是企业发展的掌舵人，因此其本身的创业经历、管理经验、学历教育、社会关系网络和商业培训等对资源获取具有重大的影响。

（1）创业经历。

先前的创业经历有利于创业者积累与创业相关的经验，这些经验不仅能够助力创业者在面对相关创业问题时做出更明智的决定、降低创业过程的风险，还能提高创业者对资源的识别能力和对资源获取的最佳时期的把握能力。

（2）管理经验。

创业者在创业前从事有关管理方面的工作，能够为创业者积累更加丰富的管理经验和更多的人脉资源。对投资商与供应商来说，新创企业的内部管理机制不够完善，资源也缺乏，合作面临的风险很大。管理经验的积累为企业内部资源的合理配置打下了基础，且参与管理工作时所积累的人脉也能为创业者提供更多获取资源的渠道与条件。

（3）学历教育。

更高的学历教育有利于培养创业者的思维能力和刻苦的意志。学习与创业一样都是不断过关斩将的过程。创业者在面对学习中的难题时所培养的思维方法和意志能够为其今后的创业活动添砖加瓦。

（4）社会关系网络。

由社会资本的作用可知，社会关系网络有助于创业者获得家庭之外的资源。社会关系网络建立于信任的基础上，而投资商或供应商等对企业或创业者的信任度越高，越能够增加合作的机会，从而提高了资源获取的可能性。

（5）商业培训。

俗话说，商场如战场。新创企业要想更好地在变化无端、竞争残酷的商场中占有一席之地，专业的商业培训是必不可少的。进行商业培训有利于创业者积累有关资源获取的知识和技能。当然，参加商业培训同时是创业者结交更多社会人士、拓展社会关系网络的重要途径，而社会关系网络的拓展又为资源获取提供了更多可能的方向。

2. 企业因素

企业内部资源的饱和程度和企业外部资源的稀缺程度对资源获取具有十分重大的影响。在企业内部资源合理配置且资金充足的前提下，若内部资源处于不饱和的状态，企业会加大资源获取的力度；相反，企业会降低资源获取的力度。若企业内部拥有异质性资源，如创新技术，则会吸引投资商或供应商的资源投入，从而减小资源获取的难度。若企业所需外部资源稀缺时，资源获取的难度加大，企业会适当减小资源获取的力度。

7.1.4 创业资源获取的途径与技能

1. 挖掘并利用身边的人脉资源

创业者在获取企业所需资源的过程中，往往会着眼于社会网络之外的资源提供者，而忽略身边的人脉资源，如亲友、同学等。新创企业由于各方面资源缺乏或制度的不完善，常常得不到社会网络之外资源提供者的青睐，而亲友、同学等基于信任与情义反而会对创业者施以援助之手。

2. 合理配置已有资源

创业之初，企业所拥有的资源有限，且获取外部资源的能力较弱，只有对内部资源进行合理的配置，才能充分提高资源的利用率，避免资源浪费，更好地促进企业的发展，从而为外部资源获取打下坚实的基础。

3. 利用政策支持

在"大众创业，万众创新"的时代背景下，政府为创业者特别是大学生提供了许多优惠政策与资金支持，为创业者营造了较为宽松的创业环境。

7.2 创业融资

7.2.1 创业融资分析

1. 创业融资的定义

融资是指创业企业在综合考虑现有资金状况与企业自身发展的状况后，进行科学合理的预算和决策，通过各种融资的途径去获取资金，并规划好资金的使用，使企业未来的各项活动得到保障的理财行为。进行企业创业前期的融资，采取各种方式去获取创业资金，可解决创业起步阶段及未来发展阶段的资金短缺的问题，保证创业项目的顺利启动并且能够得到进一步的发展。

2．创业融资的重要性

创立一番事业，只有自主创业意识和好的创意，是远远不够的。往往会因为创业者缺乏一笔最具影响力的、启动和支持其进一步发展的资金，一个个创业的"萌芽"连面世的机会都没有，又或是企业后续的发展没有足够的资金来源去支持，导致企业破产。

融资是创业者在创业道路上一个贯穿始终的核心任务。为妥善解决创业资金短缺这一大问题，快速、高效地筹集创业所需的资金，是创业项目站稳脚跟的关键。创业融资是创业者必须考虑的，创业融资渠道也是创业者不得不加以重视的。

3．创业融资难的原因

（1）企业投资者规避风险的心理。

在企业的初创时期，新兴小规模的创业融资往往处在较大的困境中，造成这种境况的主要原因是持有资金的投资者要规避融资风险的心理。倘若有不同的项目供投资者选择，在具有相同的收益水平的条件下，他们通常会倾向于选择可以规避风险的项目去投资。相对于较大型的企业，初创的小规模企业在各个方面都还未成熟，产品在市场上的销售渠道有限、经营管理人员经验不足，在未来的发展过程中还不够稳定，投资方显然会承担较大的风险。

通常，资金持有者对投资亏损的恐惧心理往往会大于投资收益带来的愉悦。

（2）新创企业和投资者之间的信息不对称。

相对于企业的创业者而言，投资者在对一个企业内部信息资源的了解上，往往处于不利的地位。尤其是在创业的最初阶段，缺乏业务记录与财务记录等，各类信息也还不够透明化，通常企业创业者自己更了解创意、技术或者商业模式的情况，而外部投资者并不了解。由于在信息资源短缺的情况下，投资者自身在投资过程中担负着信息不对称而带来的极大风险，从而增加投资者的判断难度，影响其投资的热情。

此外，在当前社会的创新创业发展迅速的大背景下，优秀的创意项目如雨后春笋般应运而生，但投资方的资金又相对有限，从而增大了社会的竞争力。

7.2.2　创业所需资金的测算

1．资金测算的必要性

投资者若是想要创业，断然不能盲目行事，尤其是对于初次进入某一行业的创业者而言，作为一个新手，想要创立一番新事业，就必须看到并弄清自己面对的资金问题，对需要的资金进行合理的测算。对创业前期所需要的创业资金一定要有清楚的预计，未雨绸缪，才能提前做好资金筹备与成本预算，减少一些不必要的开销，避免在后期经营中出现资金不足等问题，造成创业项目中途夭折，前功尽弃。

很多没有实际操作过创业项目的人，特别容易对项目所需要的资金有过低的预估，初期资金准备不足，导致刚创业没多久，很快就会捉襟见肘，陷入完全被动的局面；反之，倘若对项目预计过高，导致资金闲置，又会使资金的筹备时间过长，大大增加创业难度，拖慢创业的总体进程。

2. 制定合理的资金测算

创业企业初期财务预算的主要内容，便是测算出创业企业所需融资的总金额。主要的财务任务便是制定资产负债表、利润表、现金流量表等。资产负债表是总括反映企业在某一特定日期全部资产、负债和所有者权益状况的报表。利润表能够反映一个企业的盈亏状况，现金流量表则能够反映企业的现金流等综合信息。

那么应当怎样去进行准确合理的资金测算呢？笔者认为，应当从一个企业创业成本中的主干"会计成本"入手。所谓会计成本，是指记录于公司账册上的客观的和有形的支出，于生产、销售过程中发生的租金、工资、原料、动力、广告利息等都在该支出范畴之内。

我国财务制度下的总成本的费用，如表 7-1 所示。

表 7-1 我国财务制度下的总成本的费用

1. 生产成本		2. 管理费用	3. 财务费用	4. 销售费用
生产产品或提供劳务而产生的费用		企业行政管理部门为管理和组织经营而产生的费用	为筹集资金而产生的费用	为销售产品和提供劳务而产生的费用
直接支出（直接材料：原料、辅助材料、备用品、燃料动力；直接工资：生产人员的工资、福利费、补贴等）	制造费用（企业分厂、车间管理人员工资、折旧费、维修费、办公费、差旅费等）	管理部门的人员工资及福利费、一级折旧费、维修费、技术转让费、无形资产及其他管理费用等	用于生产经营期间的利息净支出及财务费用等	销售部门的人员工资、福利费、运输费及其他销售方面的费用

（1）要成功运行一个创业项目，最起码应当预备有可支撑该创业项目运营周转一个季度的资金。

（2）店铺需要人员去经营管理、工厂产品的生产过程中需要有劳动力等，若要雇用员工便不可避免地需要支付其工资，即便创业企业不需要雇用人员，自己及整个创业团队等人力资源在经营企业的过程中也是需要费用的，因此，必须考虑支付员工、自己以及整个创业团队的工资。创业企业营业执照及其他类似的费用，即用于公司设立的注册、各种相关权证的办理、营业执照的审批和登记等所需的费用。

（3）此外，还有用于创业项目在市场上的推广及品牌宣传等所需要的费用、房租及房屋的装修费用、购买必备的固定机器设备的费用、人力资源的培训费用、辅助设备和工具的费用及其维修的费用、水电费等。

（4）以上仅为举例，具体应当从创业企业的自身实际入手，结合企业创业项目的种类、规模大小、地点等方面，做一个全面、综合的考量。

7.2.3 创业融资渠道

1. 融资渠道的定义

融资渠道是指企业筹措资金时资金来源的方向和通道。

目前可供大学生创业者选择的创业融资渠道主要有自我融资、亲情融资、合伙融资、政府扶持资金、金融机构贷款、风险投资等，如图7-3所示。创业者在创业融资过程中最忌讳的便是渠道单一。

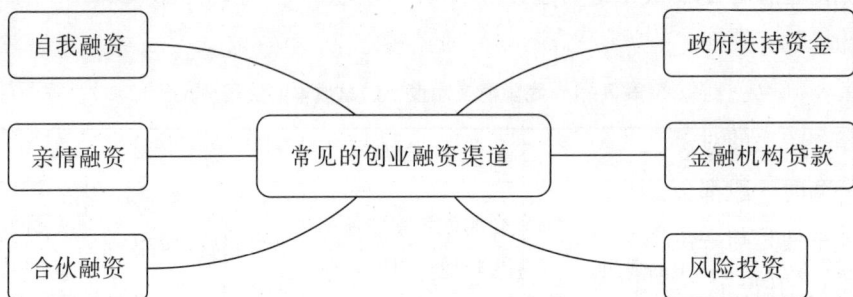

图7-3 常见的创业融资渠道

2. 常见融资渠道的具体分析

（1）自我融资。

自我融资，即创业者将在校外打工兼职、校内勤工俭学、理财投资等方式下积攒的自有资金作为创业资金的一部分。自我融资是企业开创过程中最基础的一种筹措资金的方式。这一渠道更考验大学生自身的综合能力，综合能力越强，越有优势。但大学生自身的经济收入来源有限以及数额一般都较小，仅仅依靠其个人储备的资金，往往也只是杯水车薪。

（2）亲情融资。

亲情融资，即创业者个人向熟悉的家庭成员或亲朋好友借款用于融资。这一方式是基于双方的信任，无须抵押任何资金，低成本甚至零成本，是大学生创业融资渠道中最为常见、简单、有效的。如果创业初期所需要的创业资金需求量不是很多，并且有亲情这一纽带存在，向亲友借款是较为方便的，可以满足需要。但如果相较于更大的创业资金需求量，它能够提供的额度也就显得相对微小。

其优势为风险小、成本低、速度快。潮汕人素来有存储备用资金的习惯，并且他们非常重视亲友之间的关系。因此，通过向熟识的亲友借款的方式去筹措资金是可行的。但需要全面考虑的是，它也有不足之处，如果未来项目失败，面临的很可能会是双方感情的破裂。在向亲友借款之前，应当与之沟通好，言明投资本身的风险性；在不泄露项目机密的前提下，可交代计划的可行性与未来的收益概况；主动附上书面借据，可防止未来发生不必要的利益纠纷。

（3）合伙融资。

合伙融资，即寻找有共同目标的合伙人投资，以坚守共同原则为前提进行合伙创业，从而实现融资的一种方式。

选择与志趣相投的同学进行合伙融资是大学生创业常见的融资方式之一，既可实现资金的积少成多，又可多个同学共同经营，一同承担风险，减轻个人压力，共享利润。

其优势在于：第一，能快速筹措资金。第二，能通过组建团队，实现团队内部的优势互补。第三，整合各方现有资源，达到各方利益的最大化，同时有利于降低个体所面临的创业失败的风险。第四，有助于提高创业者的信誉。其劣势则是，在创业过程中，若没有良好的约束体制或制约体制不够完善，合伙人意见有分歧，无法做到完全统一，或者无法实现权力和利益上的对等，甚至合伙人之间产生摩擦时，创业果实将会付之东流。

潮商经商时一般都会找熟悉、信得过的合伙人去合作办公司。享有"中国麦片之父"美誉的庄坤平便是与一位邱姓朋友合股，在新加坡投资 30 万新加坡元（当时折合人民币约 180 万元），开设了"金味"食品小作坊。

（4）政府扶持资金。

政府扶持资金是由政府提供给发展前景好的新创业项目，支持其建立和运行的融资基金。政府投入资金的目的是支持鼓励我国创新创业的发展，该政策面向的主要是高素质且有能力的群体，显而易见，大学生创业者是非常符合条件的。

政府扶持资金的优势在于，政府扶持资金一般是不需要创业者去偿还的，不需要承担额外的成本；并且政府的支持资金很稳定，创业者免于忧心投资方的信用问题。其劣势在于，政府扶持资金投入数额并不大，扶持的数量通常是有限的，造成扶持门槛相对较高，仅有小部分申请者能够通过申请获取资金帮扶，并且其申请过程也有较为烦琐且严格的程序。

（5）金融机构贷款。

金融机构贷款是指向银行等金融机构贷款，一般分为抵押贷款、信用贷款、担保贷款和贴现贷款四种方式。它最明显的优势是银行能够提供的资金雄厚。其劣势在于，对用户的信誉及负债能力有着较高的要求，门槛也很高，申请者必须要有一定的资金，如果一位刚毕业且经验不足的大学生创业者同一位涉足社会已久且有一定经验的创业者同时有申请贷款需求，两相比较权衡利弊，显然银行的考虑会倾向于后者。申请贷款过程手续很烦琐，银行对风险控制把关极为严格，每一个细小环节都不允许出现纰漏，使大学生贷款变得更加困难。

（6）风险投资。

风险投资，简称"风投"，是创业者售出一部分股权给风险投资者，将获取的资金用于融资，简而言之，以"股权"换取"资金"，是融资的一种有效途径。

创业者可将资金用于创业项目的启动与发展，等企业发展到一定的阶段，风险投资者便可以获得一定的收益，也可考虑将手中的股份转出去获得收益再进行下一轮投资。它是一种融资和投资相结合的高风险、高收益的投资方式。大学生可以利用创新创业类比赛、风投公司等平台获取投资。

风险投资的产业领域主要集中于高新科技产业，富有创意的高新技术、含金量高的项目更容易获得风险投资方的青睐；很多创新创业便是在这种方式的帮助下，才有机会得到发展的。优势：可以较快拿到资金；若是项目失败，风险投资者将自己承担这一风险，不需要创业者承担那一部分的风险。劣势：资金数额有限；资助项目有限。

7.2.4　创业融资的选择策略

1. 深入进行融资总收益与总成本分析

融资本身就是一把"双刃剑"。融资可以带来不少的收益，但不可忽视的，融资也需要企业支付一定的成本，即资金的利息。创业者在融资前必须考虑的是：这一融资值不值得？正所谓"无利不商"，当然亏本的事情更是万万不能做的。企业融资的成本往往决定着企业融资的效率。创业者必须经过深思熟虑，将融资带来的总收益与融资需要的总成本进行深入的对比，在确认总收益没有小于总成本的情况下，再去考虑这一融资。

2. 合理确定企业融资规模和融资期限

在选择企业融资方向前，创业者必须对企业需要的融资规模和融资期限进行合理的判断。企业的融资期限太长、太短都不理想，选择合适的融资期限尤为必要。倘若企业选择的融资期限太长，容易导致融资成本及融资风险性大大增加；选择的融资期限太短，又会制约企业的发展。

3. 尽量选择有利于提高社会竞争力的融资方式

每一种企业融资方式都能够为企业带来一定的直接影响，提高社会竞争能力。但不同的企业，融资方式、融资收益不同，其对应的社会竞争力的提高程度也大为不同。

4. 有效利用企业的金融成长周期

企业的金融成长周期与金融来源的关系，如表7-2所示。

表7-2 企业的金融成长周期与金融来源的关系

所处阶段	发展状态	融资来源
企业的初期阶段	小企业，缺乏业务记录和有效抵押物品	非正规的融资方式
企业的成长期阶段	中小企业，业务记录不断完善，并且有一定抵押能力	风险投资
		银行信贷
企业的成熟阶段	大中成功企业，业务记录完善，抵押能力强	资本市场直接融资

创业者根据企业的金融成长周期，了解并有效地利用企业在各个时期的特点，达到将金融管理模式化与系统化的目的，对企业的融资决策程序进行简化，指导整个企业的融资实践。

5. 慎重选择合适的投资者

企业创业融资的选择过程，对于投资者、创业者双方而言，是具有双向性的。投资者选择创业者的过程，同时又是创业者选择合适的投资者的过程。创业者在挑选过程中，心中应当清楚地了解哪种类型的投资者更适合自己的企业，是否有益于创业企业未来的发展，能否给其企业在市场上的竞争优势提供助力。

哪种投资者更为合适，值得创业者高度重视呢？有投资的意愿，并且有相对足够的资金来投资；有足够高的名望，并且有较高的修养；对该企业所属的行业感兴趣甚至有一定程度的了解，并且在未来沟通中能够给予一定的有价值的帮助或者建议；有相关投资经验的。这种投资者是可遇不可求的，在创业者心目中是相当抢手的人力资源。

7.3 创业资源管理

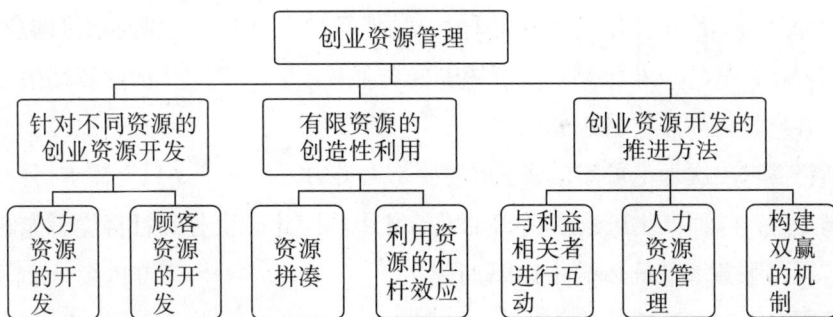

图7-4 创业资源管理

7.3.1 针对不同资源的创业资源开发

创业资源开发是指企业将所获取的资源进行支配利用的过程。笔者在本书中主要针对人力资源与顾客资源的开发进行阐述。

1. 人力资源的开发

（1）科学管理员工，不断挖掘员工潜力。

员工是企业得以正常运行的基础元素，具有极大的开发价值。每个员工都是潜力股，如果企业能够正确认识员工，不断挖掘员工的潜力，根据员工的能力给员工安排工作岗位，就能让人力资源的价值发挥到极致，提高人力资源的利用率。

（2）建立相应的奖励机制。

对于大多数员工而言，最重要的就是工薪待遇。工薪待遇越高，越能提高员工的工作积极性。建立相应的奖励机制，在企业内部提倡"多劳者多得"，为工作突出者提供更好的福利，有利于激发企业内部员工的工作热情，营造一个积极、有活力的工作环境，提高其工作效率。

（3）注重员工培养。

企业加强对员工精神品质的培养，有利于在企业内部营造积极的工作氛围，从而给企业塑造一个良好的外部形象。加强对员工能力的培养，则利于提高其工作效率，降低企业的损失。

2. 顾客资源的开发

常言道："顾客就是上帝。"确实，顾客的需求指引着企业的发展方向，顾客的消费量也决定着企业的收益来源。消费者对于企业而言如此重要，如何留住老顾客、吸引新顾客成为企业面临的一个重要问题。

（1）留住老顾客。

①诚信经营。

古语云："人无信则不立。"笔者认为，企业也应如是。诚信经营意味着企业对产品的质量安全有所保障，而质量正是顾客选择商品的重要因素之一。实践出真知，比如，金味集团作为食品公司，深知食品安全的重要性，始终坚持为消费者提供高质量的产品，最终赢得顾客的信赖，从"百花竞开"的市场中脱颖而出。

②尊重客户，提高客户服务水平。

由马斯洛需求层次理论可知，尊重的需要是人类的需求之一。只有需求得到满足，人才会产生满足感，从而产生继续享受满足感的欲望。因此，企业要想获得更大的客户量，尊重客户，提高服务水平是必不可少的途径。

③紧跟顾客需求，不断对产品进行改进创新。

任何产品或服务都不是完美无缺的，顾客作为企业产品或服务的直接体验者，具有最大的发言权。企业应该时刻跟踪顾客的消费感受，并及时改进产品，提高顾客的满意度。

（2）吸引新顾客。

①利用老顾客吸引新顾客。

消费者具有流动性，更具有传递性。一位顾客对自己所购买的产品或服务满意度高的话，就更愿意将这种满意感传递给自己身边的人。因此，若要吸引新顾客，利用老顾客吸引新顾客未尝不是一种好方法。

②举办用户体验活动。

消费者在购买未知商品和服务时，往往会有诸多顾虑，如商品的真实性、完整性等，而这些顾虑对顾客是否购买商品的影响巨大。企业举办用户体验活动有利于减少顾客的顾虑，增大他们消费的可能性。

③利用明星效应。

明星具有很大的"粉丝"基础，而"粉丝"同样也是消费者。"粉丝"出于对明星的喜欢，会购买明星所代言的产品或服务来表达自己的喜欢，这就提高了企业的用户量。

7.3.2　有限资源的创造性利用

1. 资源拼凑

（1）资源拼凑的含义。

企业在创业之初，由于创业网络规模小、资源获取渠道少，往往面临资源匮乏的局面。资源是企业发展的重要因素。当企业的资源有限而又无力获取外部资源时，资源拼凑未尝不是一种好方法。何为资源拼凑？其是指创业者通过重新组合已有资源和外部低成本资源，挖掘资源新价值，从而达成新目标或开发新机会的一种方法。

（2）资源拼凑的三大特征。

①凑合使用资源。

机不可失，失不再来。在机会面前，任何犹豫都会导致企业错失良机。在资源有限的处境下，企业的常规做法是等待资源补足时再行动。殊不知，这样做极大可能会错过良机，而资源拼凑讲究资源能用则用，尽最大的努力抓住新机会，完成新目标。

②手头资源。

资源获取固然重要，但一味地获取资源不仅会增加企业的负荷，也会增加企业对外部资源的依赖性。面对有限的资源，企业不应总将目光盯在获取资源上，而应致力于手头资源的开发，进一步发掘资源的价值，从而促进企业的发展。

③重新组合资源以达到新目标。

资源组合的过程如同化学反应，不同的反应物可能会产生不同的结果。重新组合资源是企业对资源的创造性开发，无论结果如何，都是对企业领导者创造性思维的一种培养。

2. 利用资源的杠杆效应

企业或个人利用内部已有资源撬动外部资源，从而使企业获得更多收益的效应称作资源的杠杆效应。古希腊科学家阿基米德曾说："给我一个支点，我可以撬起整个地球。"通过杠杆，很小的力量也可以达到巨大的效果。将杠杆原理置于创业过程中，也就是说，企业也同样能通过很少的付出，获得更大的收益。但获得更大收益的前提是企业能够形成资源杠杆效应。形成资源杠杆效应要求企业做到以下四点：

（1）优先找到资源的闪光点，并加以利用。

（2）努力开发异质性资源。

（3）延长资源寿命，增加资源优势。

（4）有效结合内外资源，形成特殊的复合资源。

7.3.3 创业资源开发的推进方法

1. 与利益相关者进行互动

创业企业可通过与利益相关者进行互动，实现创业资源开发的推进。利益相关者，即在创业过程中与企业创业者有着相关的利益往来的人，如创业团队、金融机构、投资者或者政府等。与利益相关者进行互动，可以理解为企业创业者在与利益相关者沟通互动的过程中，向对方述说该想法并表达我方需要帮助。由于双方互动是建立在有共同利益的基础上，对方也会乐意为企业创业者提供帮助。

基于创业者与利益相关者的沟通，创业者能够对企业未来发展蓝图有个明确的定位，并在关键时候做出正确的决策。此外，利益相关者手中往往拥有一些技术、人力、资金等方面的资源，是创业活动中的必需资源。通过双方的理性沟通，利益相关者往往能够解决创业企业在技术、人力、资金等方面资源匮乏的问题。

2. 管理好保持企业持续成长的人力资源

管理好人力资源是企业持续成长的一大保证。企业的成长需要有人力资源作为支撑，人力资源管理是企业管理的重中之重，它直接或间接地影响着企业的经济效益。一个企业要成长，就要做好人力资源管理，不断发掘人力资源，提高人力资源的总体素质，从而让员工事尽其功，让企业资源利用达到最大化。

3. 构建双赢的机制，维持信任，长期合作

企业创业者与投资者双方应当构建一套双方认可的双赢机制。诚如美国联合创业投资公司总裁 David Gladstone 所言，创业投资虽说是投资，但更为恰当的，应该说是一种合作。企业创业者与投资者双方的关系绝非一种控制与被控制的关系，而是一种尤为密切的合作关系。在这种关系模式之下，创业者与投资者之间建立一种广泛的信任，保持一定的沟通，维持彼此之间的信任，坚守一致的准则，共同努力，获取收益，实现创业与投资的共赢，从而实现双方创业资源最大程度的开发。

第8章 创业计划

8.1 创业计划的概念及作用

8.1.1 创业计划概述

创业计划，又称商业计划，是引领创业的纲领性文件，也是创业者在创立企业、制定企业走向及经营管理企业的指南。它用于记录企业成长历程、发展的方向方针以及企业各方面的策略计划等，为业务的发展提供指示图和业务进展标准；此外，创业计划也有助于创业者在向投资者阐述时保持思路清晰，创业计划会在企业发展过程中不断地根据实际发展情况进行调整修正，最终成为企业的纪录片。创业计划的作用如图 8 - 1 所示。

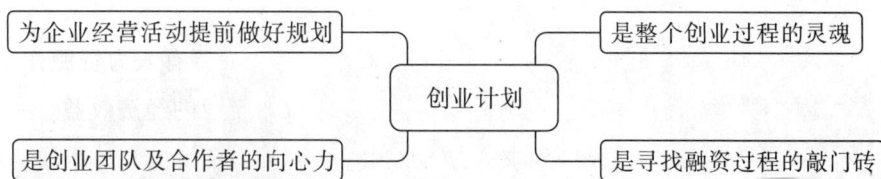

图 8 - 1 创业计划的作用

1. 创业计划是整个创业过程的灵魂

虽说写创业计划书是用文字记录想法的烦琐过程，但正是这个烦琐的计划书，可以在未来不断改变的环境和思维中，让创业者清楚地记得最初的梦想，审视自己的思想，并调整自己的路线。创业计划书除了能够记录创业的内容、提醒创业者之外，还能够成为说服他人的重要文件，如融资、合作、入股等。

首先，创业者需要保证这份创业计划书能够先说服并打动自己，因为创业计划书最开始就是创业者理清思路的文稿，如果创业者本身不能从中发现价值、发现项目的优势，说明还需要调整思路；在撰写这份创业计划书之前，创业者必须要想尽办法做好各类调查，不断完善，直到说服自己、得到自己认可。其实刚开始创业的人对一个正在酝酿的项目雏

103

形感到迷茫是很正常的，创业计划书正是帮助创业者梳理和分析其中利弊的重要文件。清晰可见的文字分析，可以让创业者看清其中的利弊，取长补短，让其更有底气。

2. 创业计划是寻找融资过程的敲门砖

创业计划书除了需要让创业者本身拥有足够的底气以外，还要能够说服他人融资、入股或者合作，它就像一份简历，他人通过这份简历初步认识项目的价值，项目有价值，才会认真听创业者亲自描述，相当于进入面试过程。对于大学生创业，创业计划书就是他们获得天使投资的重要申请书。有了资金，在财务方面就有了更多支配的地方，创业者大展宏图就不会有那么多的束缚条件，因为资金是创业企业得以快速发展和崛起的前提。所以，创业企业若要获得投资，可以从检验创业计划书开始。

创业案例1：

韩创文化教育咨询服务有限责任公司的创始人黄美铃，2019年毕业于韩山师范学院烹饪与酒店管理学院，从小生活在深圳的她，在创新创业的大环境下长大，接受了优质的教育，这也成就她敢想敢做的行事风格，再加上她本身是潮汕人，有着敢拼敢闯的勇气，所以即使周围的人都劝阻她不要一毕业就创业，风险太大，她还是坚定地选择了这条路。据了解，毕业当年，她的导师推荐她前往深圳一所学校当老师，年薪高达30万元，这对于一个刚毕业的大学生来说无疑是最好的选择，而她在犹豫权衡间还是放弃了，她说："我是一个做一行爱一行的人，我很确定如果我当了一名老师，我会舍不得离开，就不会再闯荡了，这不是留下遗憾了吗？"导师多次劝说无果，最后也被她打动，在创业的道路上不遗余力地扶持她，这也打动了其他许多老师，一直在默默地为她铺路。

图8-2　黄美铃及她的大学导师

　　周围的人都羡慕她拥有大量资源，有很多人愿意为她保驾护航，都认为这样的创业不成功都难，但作为看着她一步一步成长起来的舍友、同学来说，我了解她的不容易，也了解她无法诉说的压力。

　　因为她高中时下定决心想做餐饮，自己创业，但是也深知学历的重要性，在填志愿期间发现烹饪本科专业时，她眼睛都亮了，直接填写韩山师范学院，也意味着她要离开一线城市，回到潮汕。其实她爸爸是疑惑的，但是她解释道："这个选择不会错，我既能获得本科学历，也为我的创业路打下基础，一举两得，您放心吧。"所以她回到潮汕，就读烹饪与营养教育专业。

　　在学校的四年时间，她做了我们八年才可能完成的事。大一当班长，大二当学院副主席，大三当团支书，大四回归当班长，这是她的基本工作，大一报名十个社团，大二筛选后保留四个，其中也包括创业社团，你无法想象她的时间是怎么挤出来的。她早上六点出门，晚上十一点半回到宿舍，几乎天天如此，寒暑假四年加起来休了不到四十天，时间就是这么挤出来的。四年的过程中，我知道她跟着学院的老师做项目，在专业比赛、创业比赛、微课比赛、营养学比赛中都获过奖，甚至能够在大二时发表论文，她参与的事情，她都能做到最好，其间还拿到了国家奖学金。

　　大学第一年家里交了学费和生活费，剩下三年的学费和生活费她自己就搞定了，除了不间断地参加创新创业比赛以外，就是做各种项目、大三实习一年。这一年，她做起了微商，实习一结束回到潮州就与人合伙做起了蛋糕私房主。只要和她走在一起，就有一股神奇的能量影响着你，让你不停地向前。更神奇的是，她可以跟师弟师妹、同学、师兄师姐、老师甚至领导都相处得很好。

　　创办公司，是她最大胆的尝试。她说过，其实很多东西，她都心里有底，唯独这次，她有点担心。我说："那就先不办公司吧。"但是如果有伙伴，创办公司才能做好分工，让人安心。她的想法就是结合自己的长处做烘焙教学视频，然后拓展到潮州菜、中式点心、咖啡等，做一个烹饪网络教学平台。当时她觉得应该不难，毕竟在之前，赚钱对她来说都算容易，可最后还是有偏差。

　　因为潮州的特殊性，做潮州菜似乎容易许多，周围人也赞同从潮州菜开始，再加上有省级潮州菜传承人方树光的支持，所以很长一段时间做起了潮州菜。当时政策上也大力推崇"粤菜师傅"工程进入自媒体、做课程、做直播、打比赛。这个项目参加了许多创业比赛，拿到了 2020 年广东省"挑战杯"金奖、2020 年广东省"众创杯"铜奖、广东省"粤菜师傅"工程的潮菜振兴奖和带动创业就业奖项，赢得奖金 10 万元。在外人看来，她发展极快，但是只有她自己才知道，这是条很难走的路，玩媒体不够专业，变现时总会担心影响传承人的信誉，所以不愿意直接媒体变现。原本做网络课程销售的想法，在潮州菜上并不容易实现。大家愿意花钱学习烘焙，却不愿意花钱学习潮州菜。免费的课程火热，效果很好，但付费学习课程的人寥寥无几，收入不高，再加上没有基础，要拿下政策扶持项目并不简单。如果按照原路线走下去，将产生大量的设备投入和人工投入。

图 8-3　比赛后的团队合照

在学校，只需要赚到钱，所以什么项目无关紧要，只要是在能力范围内的，她都接下来了，也不需要让人家知道自己在做什么；而创立公司，是做事业，必须有主线，告诉别人自己在做什么。她经常跟我说的就是，每次人家问她在做什么，描述过后，都会收到一句话就是"你做得太杂了，又做烘焙又做潮州菜又做咖啡，不伦不类，这样对你发展不好，你要学会切割"。但最开始她想做的就是网络教学平台，只是在操作的过程中，被很多其他的声音掩盖了。每次我们见面聊起来，我都会为她心疼。所有的风光都是有代价的，其实她有大把机会。深圳师兄师姐的几家公司也向她投了橄榄枝，以前的叔叔、阿姨也提出想投一笔资金让她回到深圳继续发展，而她还在观望。我以为有钱好做事，而她说："不对，我创立公司也拿到一笔融资，如果不懂得用钱，钱是最容易花完的。在我还没学会花钱的时候，我不能再轻易接受，这样对别人太不负责任了，我要重新来一次。"当时我莫名感动，坚信她一定会成功，而且不是小成功。

目前，她以最开始的计划重新调整公司路线，她说："无论行不行，要再试一次，经验不足就多跟前辈学习，虽然大家都说一百个大学生九十九个失败，而成功的那个并不是他多适合，只是他坚持到最后了。"

韩创文化刚刚开始，而我愿意相信它的潜力无限，我也希望她能渡过重重难关，实现自己最初的梦想。

（许朴）

此案例主要采用了最新的创业故事做展示，充分体现了一个大学生从在校创业到离校创业的差异性，真实、"接地气"，也反映了创业者心理素质强、心态乐观。如果不相信自己，还怎么让别人相信呢？当然，刚刚毕业的大学生其实心智还不成熟，对于出现的很多诱惑还无法判断，慢慢就会走偏，忘记了自己想要做的事情，还好创业者能够多次自省，认清自己的位置且敢于调整，我们还没有看到这家公司的结局，但是看到了希望的光芒，这是因为创业者具有坚定信念和乐观积极、永不放弃的精神，这也是创业者都要具备的基础条件。

3. 创业计划是创业团队及合作者的向心力

（1）凝聚人心，巩固团队。

培根曾说"写作使人精确"，创业计划书是创业者对创业思路的整理和阐述，当一个好的想法被文字化，创业者就可以发现太多没有考虑到的小细节，如果少了一份精准传达思想的计划书，想法在多处转述之后就会完全变味，偏离轨道，创业计划书也是帮助创业团队进行内部梳理和统一思想的重要文件。

创业者需要学习的东西很多、很杂，而创业者完成一份完美的计划书后，也基本懂得了企业经营的基础知识；创业团队充分理解一份计划书后，执行力也会更强。

创业计划书通过对团队成员及员工的分析，介绍他们所具备的能力以及在企业中的职务和责任，建立管理层，也让员工明确自己的任务及定位；此外，创业计划书还要对公司结构进行简要介绍，包括组织架构图、各单位部门的责任与职责、主要负责人及成员等；为了让每一个人都清楚自己的价值，公司的报酬体系和公司管理规章制度也要明确建立起来。如此一来，团队中的成员可以通过一份计划书来统一思想和路线，有利于凝聚人心，巩固团队。

（2）集合资源，有的放矢。

在创业过程中，很多时候的资源都是分散的、凌乱的，在后期工作中我们会发现找不到它们的衔接点，不能把资源利用率最大化，这会导致团队过度的无用社交。思路通过计划书整理并表达出来，整合资源就会更加得心应手，所有的信息被清晰地罗列梳理，便可以找出每个资源的衔接点，有效地整合资源，围绕不同的工作做有效聚拢，再进行可行性分析、风险分析及规避等，以产生更大的经济效益。

4. 创业计划为企业经营活动提前做好规划

企业创立与成长过程需要由创业计划引领，创业计划有利于创业者及时调整方向和目标，它是企业活动的有力依据和有效支撑，对创业行动具有指导作用。

总的来讲，一份构思精妙的创业计划书是创业者精打细算的表现，它体现了创业者的组织、管理和创新能力，使创业更加有信心。同时，它集合了创业资源，将创业机会转为创业实践的开始，为创业者指明了方向。

（1）创业计划书的内容。

创业计划书一般包括：①封面；②目录；③执行总结；④市场分析；⑤产品（或服务）介绍；⑥组织架构；⑦发展战略；⑧营销策略；⑨营销计划；⑩管理团队；⑪财务规划；⑫风险分析及规避；⑬附录。如图 8 - 4 所示。

创业计划书

封面

代表计划书的外在形象
暗示这份计划书的整体风格
注重颜色、美感、风格

目录

涵盖了计划书的结构和要点，一目了然
利于阅读者初步判断计划书的结构及合理性

执行总结

一句话总结重点

你是做什么的
你是怎么做的
你为什么做
你为什么能做
你用多少钱做
你多久能够回本赢利

市场分析

描述企业的目标市场、顾客、竞争者
分析"天时""地利""人和"
分析如何展开市场竞争

产品（或服务）介绍

产品（或服务）是什么
给哪些人带来怎样的好处
为什么你要开发这个产品（或服务）
怎样开展实施
优势在哪里

组织架构

人员规模
人员组成
股权结构

发展战略

规划好公司的短长期目标和走向
通过SWOT分析产品

营销策略

价格策略
产品策略
渠道策略
促销策略

营销计划

市场分析
运营计划
销售计划

管理团队

价值和优势
分工及责任

财务规划

财务预测
融资计划

风险分析及规避

市场风险
经营风险
财务风险
技术风险
人力资源风险

附录

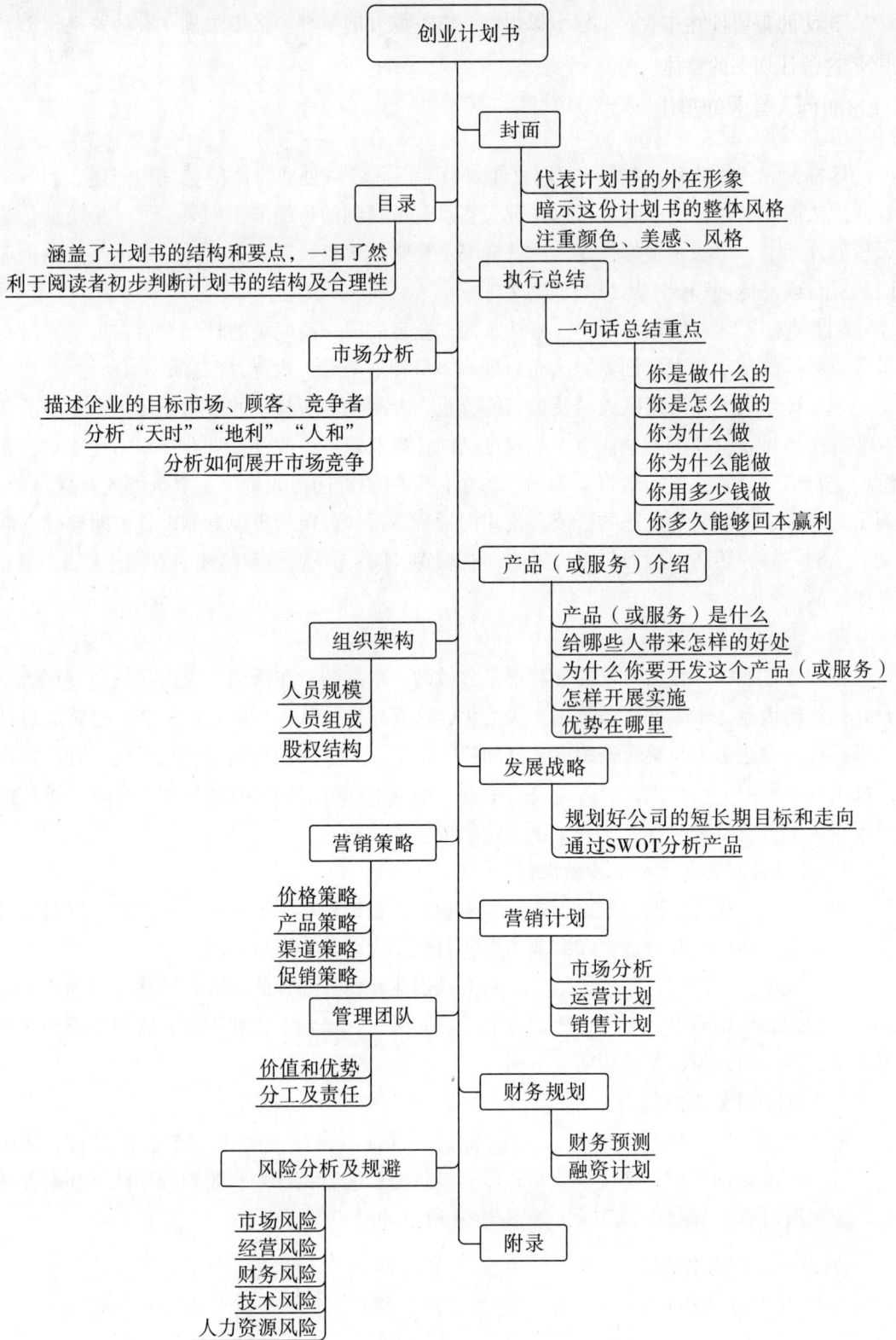

图8-4 创业计划书简述图

（2）封面。

封面的重要性在于它代表计划书的外在形象，就如同人际交往中的第一印象，它可以暗示这份计划书的整体风格，给观看者一定的心理暗示，封面除了初步介绍标题外，还要注重颜色、美感和吸引人的风格等。创业计划书的封面参考如图 8 - 5 所示。

图 8 - 5　创业计划书的封面参考图

（3）目录。

目录涵盖计划书的结构和要点，让阅读者能够一目了然，提前了解及快速查找内容等，也有利于阅读者初步判断计划书的结构及合理性。创业计划书的目录参考如图 8 - 6 所示。

目 录

图 8-6　创业计划书的目录参考图

（4）执行总结。

执行总结其实就是项目概况，主要就是通过最简单的语言、最精辟的话向别人介绍公司项目，最好就是一句话告诉别人，你是做什么的、你是怎么做的、你为什么做、你为什么能做、你用多少钱做、你多久能够回本赢利等，执行总结是整个计划书最精辟直接的部分，它承担着打前阵的重任，合格的执行总结就是要让阅读者看完便有继续读下去的意愿。

执行总结包括公司的商业模式、公司的经营范围、市场分析和企业展望等，重点是公司的核心竞争优势。不管是在一些创新创业比赛中还是在融资、合作、入股中，观看或倾听创业计划书的人都是惜时如金的，所以一定要把核心竞争优势用最简洁清晰的话语表达出来以打动对方。

注意事项：事实上，公司大部分战略是事先的计划和突发应变的组合。制定战略的任务包括制订一个策略计划，即预谋战略，随着公司的发展不断进行调整。一个实际的战略是管理者在公司内外各种情况不断暴露的过程中不断规划和再规划的结果。

（5）市场分析。

市场分析重点在于描述一个企业的目标市场、顾客、竞争者；如何展开市场竞争；它的潜在销售额和市场份额。通过分析"天时""地利""人和"，得出有力的依据，为创业计划书增加说服力。

"天时"指的是宏观环境下某些对创业有帮助的条例或政策。我们要去贴合这些条例或者政策，能让创业计划有一定的影响力和依靠性。

"地利"指的是市场空间（市场容量）。投资者看创业项目往往会很在意市场的容量是否足够支撑投资者投入之后未来得到的回报，以及在未来是否有很好的增长空间。所以在创业计划书中必须有做好的市场调研数据，确定目标人群，做好的创业商品供应和目标人群需求的函数关系，给资金回报周期的预测奠定基础。

"人和"指的是掌握目标人群的需求和与竞争对手竞争的情况。通过分析得到目标人群存在的需求或者痛点。在创业计划书中必须把痛点和需求表达得非常清晰，同时提出解决方案或产品是如何满足需求创造价值的，让投资者觉得这个方案或产品是非常必要的。再介绍产品，之后就是分析市场的竞争情况，面对已经进入市场的企业和与你同一时间进入市场的企业，你的优势在哪里。只有对目标人群和竞争对手足够了解，才能找到突破口，放大核心业务优势，确定发展规模，制定运营路线。

（6）产品（或服务）介绍。

产品（或服务）是创业公司实现目标的载体，也是公司的直接成果。针对产品（或服务）的介绍主要从三个方面进行阐述：为什么、是什么、怎么样。

首先，你要让投资者知道你的产品（或服务）是什么，它能给哪些人带来怎样的好处。其次，通过市场分析介绍你为什么要开发这个产品（或服务），它的优势在哪里。最后，阐述你的产品（或服务）是怎样开展实施的。产品（或服务）的介绍不单单要站在创业者的角度还要站在顾客的角度，顾客的痛点就是创业者的赢利点和突破点。尽量多在创业计划书中列举已有产品（或服务）的成功案例，优质的产品（或服务）加上成功的案例才能让投资者信服，必要时结合产品展示，以实物情景来加深投资者对创业产品的印象。

在进行产品介绍的时候一定要做到实事求是、符合实际，每一个行业都有自身的优势和短板，创业者要做的就是扬长避短而不是夸大优势、忽略劣势。

（7）组织架构。

一般来说，团队执行能力介绍主要可以从创始人、核心团队和团队管理模式三个方面展开，具体介绍团队的人员规模、组成、股权结构。可以用一张图来表示组织架构，对每个团队人员也要有明确的职务介绍，做到分工明确。

（8）发展战略。

制定公司发展战略就是规划好公司的长期目标和走向，分阶段采用某种方式来达到目标。要通过 SWOT 分析产品（或服务）的优势（Strengths）、劣势（Weaknesses）、机会（Opportunities）、威胁（Threats），从中找出各种有利和不利因素，结合市场分析行业的规模、增长率、供给链、销售渠道等大体走向，做出 5～10 年的分段目标规划和为了实现目标的手段。

（9）营销策略。

营销策略是创业计划书的重要部分，要做到以买卖双方满意的价格将产品（或服务）在指定地方或渠道进行促销或传播。如何把产品（或服务）卖给顾客，这要求以目标人群为出发点，根据市场分析获得顾客对产品（或服务）的需求量、期望值，再结合商业模式规划出营销渠道满足顾客。市场营销策略包括价格策略、产品策略、渠道策略和促销策略，如图 8-7 所示。

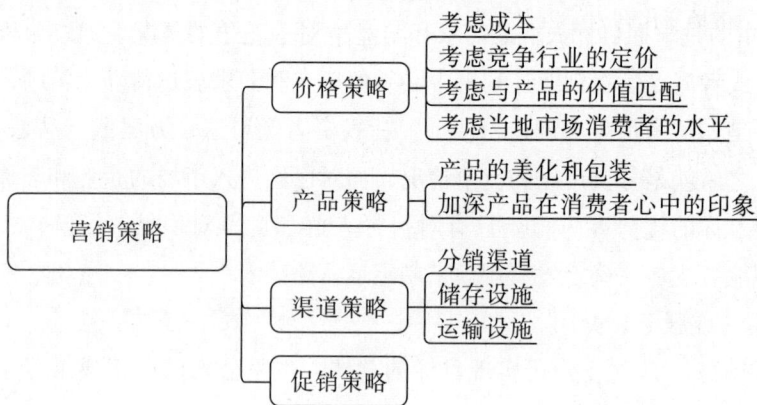

图 8-7　营销策略的分类

价格策略主要是指产品的定价，不仅要考虑成本，还要考虑竞争行业的定价、与产品价值的匹配，以及当地市场消费者的水平等情况来进行产品定价。

产品策略主要是指产品的美化和包装，为了加深产品在消费者心中的印象，可以设计海报、口号等对产品进行宣传，扩大知名度，也可以拍一些与产品有关的视频，在介绍创业计划书时展示出来。

渠道策略主要包括分销渠道、储存设施、运输设施。产品（或服务）开发、储存、销售、运输，这些环节都需要场所，这些都是渠道，在创业计划书中应该点出。销售渠道是核心问题之一，在当今的互联网时代运用得最多的方法就是利用新媒体平台进行代理销售。渠道策略需要根据商业模式和市场地位的情况来确定。

促销策略主要是指根据产品的特点采用一定的促销手段来达到销售产品、增加销售额的目的。

营销策略这部分主要是针对市场来规划的，清晰地了解市场机会、潜在客户和产品局限性，在讲述创业计划书时要向投资者证明你有目标市场。

（10）营销计划。

如果说营销策略是确定创业团队的战术，那么营销计划就是执行战术的计划，它们是相辅相成的。营销计划是创业计划书中的重要板块之一，想要打动投资者，创业者就必须说明为了实现目标而制订的营销计划。要做出好的营销计划，需要做到以下几点：

①市场分析：主要讲述市场变化趋势及需求，根据市场地位及容量分析市场的潜力，为产品（或服务）的销售做出客观评估。

②运营计划：产品（或服务）从开发到销售，从卖家手里到买家手里要经过很多环节。根据产品的个性，销售、保存、运输等一系列运营都有特定的方式。

③销售计划：主要说明未来的销售策略（销售方法、促销手段、定价策略）、销售渠道、宣传方式与成本预算。

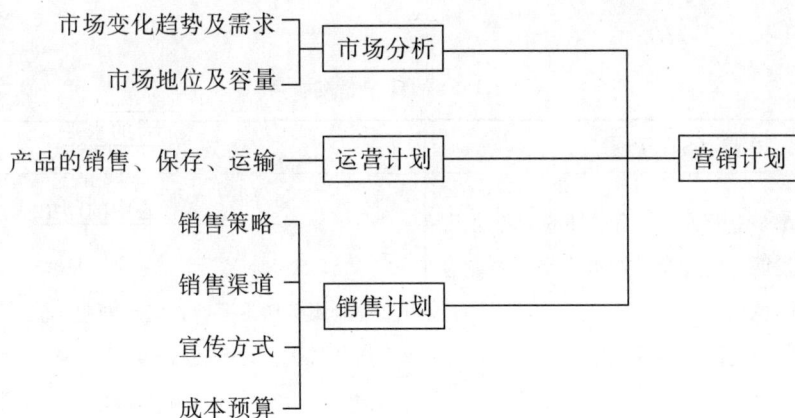

图 8-8　营销计划流程图示例

（11）管理团队。

创业者要告诉投资者自己有一个很优秀的团队，主要表达两个方面：第一，每个人在各自的领域都有独特的价值和优势。第二，团队中每个人的能力都是可以互补的。如果创业团队在纵向和横向都比较匹配与切合，就能让投资者觉得这个创业团队是有价值的。在介绍团队成员时，一定要详细介绍他们的确切职务、专业特长、工作经验、知识技能和成就奖项等背景情况。其中，在企业组织中地位越高的成员，越是应该着重点出其背景、经验等综合素质的情况。

说到底，一支创业队伍除了自己的产品（或服务）之外，实实在在的核心就是团队成员了，一个成功的企业必须有负责产品设计与开发、市场营销管理、财务管理、后勤管理等方面的专业人才。团结就是力量，在创业计划书中要重点展示出一个团队的凝聚力，一个优秀的团队能把不可能变为可能。

（12）财务规划。

财务规划是投资者和合作伙伴最关心的内容，也是创业团队需要花费大量的时间和精力的一部分，财务规划主要包括财务预测与融资计划。一般情况下，要对未来 1 ~ 3 年的项目收支状况的财务预估、未来 6 个月或 1 年的融资计划、需要多少资金、释放多少股份、用这些资金干什么、达成什么目标以及对之前的融资情况进行说明。财务规划通常运用项目盈亏平衡表、资产负债表、损益表、现金流量表等财务报表的数据来向投资者和合作伙伴汇报。

（13）风险分析及规避。

创业风险分为市场风险、经营风险、财务风险、技术风险和人力资源风险。风险规避在创业计划书中也是非常重要的，经商多年的投资者往往会针对创业者的产品或服务，根据市场的情况提出创业中存在的问题。有问题不可怕，没有解决问题的办法才可怕，所以创业团队必须在行动之前分析创业环境的不确定性，结合 SWOT 分析做出风险预估和风险规避的方案。

表 8 - 1　SWOT 分析的参考

优势（Strengths）	劣势（Weaknesses）
1. 创业团队都是专业人士，有过硬的专业知识 2. 紧跟时代发展，通过互联网进一步与农业对接，带动农业发展 3. 团队成员有一定的产品开发能力，确保产品更替 4. 产业链有效形成闭环，从产品到文化输出，到课程输出，再到产品 5. 产品线有层次分布，服务对象广	1. 创业团队初出茅庐，欠缺创业经验 2. 资金紧张，对产品研发产生影响 3. 初创公司，品牌认知度低，难以得到消费者的认同
机会（Opportunities）	威胁（Threats）
1. 创业环境良好，国家大力扶持大学生创业，学校对初创团队给予较大的支持 2. 市场机会浮现，烹饪教育的迅速发展给予较大的市场空间 3. 中国当前物流等基础设施完备，有利于农产品等零售产品的流通 4. 紧跟国家政策，响应"乡村振兴"，带动农村经济发展	1. 市场竞争激烈，目前新媒体以及电商行业发展有所延缓，市场趋向饱和 2. 农产品质量参差不齐，难以令消费者信服 3. 初创团队，缺乏管理公司各项事务的经验

8.1.2 创业计划书的基本结构

欲善其事，计划先行。对于创业团队来说，创业计划书是整个创业思路的载体。计划书以书面的形式将执行总结、产品分析、市场分析、营销计划、公司结构和团队、运营计划及产品和融资计划表达出来，像是一张标有路线和指南的藏宝图，理清了创业者寻宝的思路，使他们明白要做什么、什么时候做、怎么做。也为了能让投资者在最短的时间内看到关键信息，所以在撰写创业计划书的时候思路上要条理清晰、层层递进，格式上要符合标准，在制作创业计划书的过程中也能彰显出一支团队的凝聚力。一份完整的创业计划书一般由封面、目录、正文和附录四个部分组成。

1. 封面

创业计划书的封面就如人的外貌，能给投资者留下第一印象。它可以展示这份计划书的整体风格，给阅读者一定的心理暗示，封面除了介绍创业的主题外，还要注重颜色、美感和吸引人的风格等。所以，突出创业的主题之余，排版还要吸引投资者的眼球。封面通常包括公司名称、联系方式、公司标志等，也可以在封面添加一句能突出产品（或服务）的话语。封面样式如图 8-9 所示。

图 8-9 封面样式

2. 目录

创业计划书的目录是根据创业者的创业思路来设定的，并且在设定的标题后加上页码，作为导向，能让阅读者以最快的速度找到想了解的内容。目录可以相对简洁，但是一定要整齐划一，区分一级标题、二级标题和三级标题的格式。一般来说，各级标题都采用宋体四号字，一级标题需要加粗。平时常用的序号三个层级编排为"一""（一）""1."。目录也需要单独标上页码。

3. 正文

创业计划书大致分为十个板块，分别是执行总结、市场分析、产品（或服务）介绍、组织架构、发展战略、营销策略、营销计划、管理团队、财务规划、风险分析及规避。针对不同的创业类型，也可以灵活变通进行板块的拆分或合并，整体撰写上要做到简洁全面、思维严谨。

如果说创业计划书是概括描述创业者的整个创业思路，那么执行总结就是概括整个创业计划书的一个板块。执行总结用最精练的语言涵盖了整个计划书的基本思路和要点，它承担着打前阵的重任。合格的执行总结，就是要让投资者看完便有继续读下去的意愿，其余的板块都是对各自内容的扩充，让创业计划书更有依据和说服力。

4. 附录

附录主要是对创业计划正文内容的佐证或者补充，丰富正文内容。例如：①资产负债表；②公司管理规章制度；③公司财务管理制度；④调研报告；⑤相关许可证；⑥专利证书；⑦表目录、图目录等相关材料。

8.1.3 市场调查的内容和方法

知己知彼，方能百战不殆，在企业进军市场之前一定要做好市场调查，做好市场调查才能稳操胜券。市场调查相当于市场分析，通过分析市场的动态趋向，制订符合市场的可行性创业方案。只有通过市场才能看到消费者的需求和潜在市场。就如 2019 年年底发生新冠肺炎疫情以来，许多农产品不能及时出售，造成滞销现象。韩创文化企业下的醋食本味公司就通过市场调查，先了解当地周边比较滞销的农产品，然后对这些产品做出了一系列产品研发或产品附加值的增加措施，从而带动滞销农产品的销售。这样既帮助了种植户，又获得了盈利。因此，熟知市场情况是创业的前提。新冠肺炎疫情期间农产品滞销如图8-10所示。

图 8-10　新冠肺炎疫情期间农产品滞销

1. 市场调查的价值

市场调查包括市场需求调查、经营环境调查、竞争对手调查和经营策略调查等，通过市场调查可以掌握市场的行销信息，避免创业团队造成不必要的损失。通过分析市场，做出评估和预测，制定明确的创业分段目标和财务计划，发掘潜在市场和发现合作伙伴。

2. 市场调查的内容

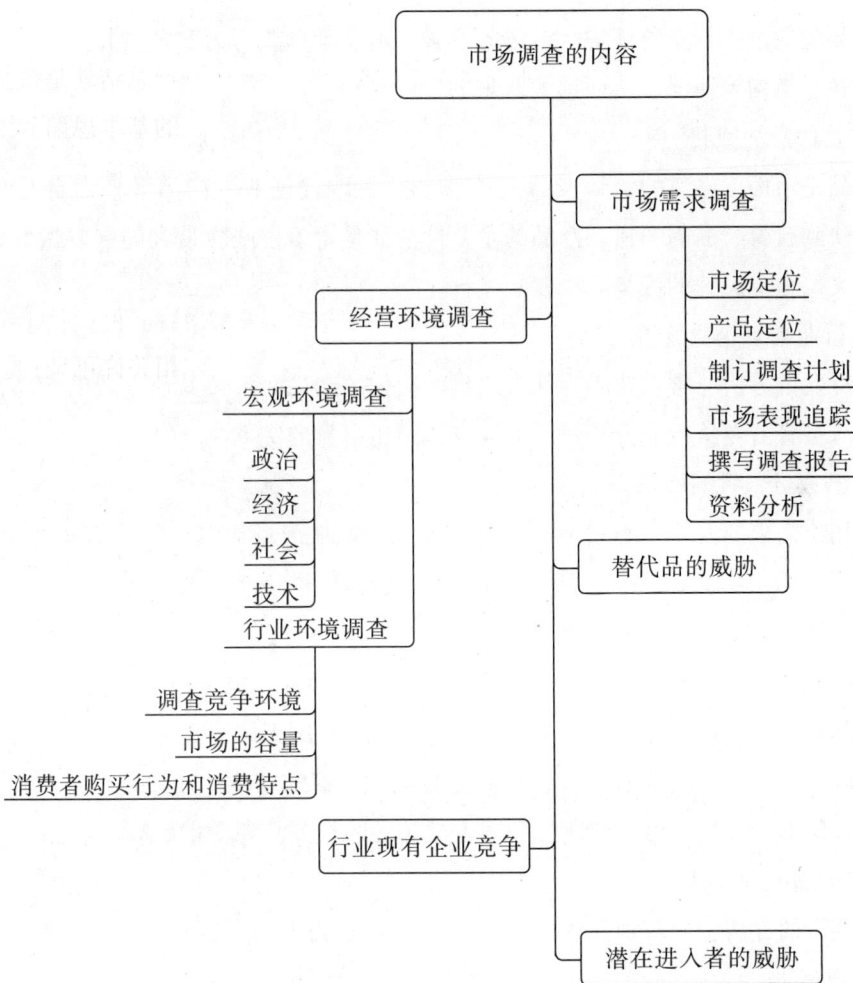

图 8 - 11　市场调查的内容

（1）市场需求调查。

市场需求调查是根据目标人群调查市场对产品（或服务）的购买需求以及未来需求的趋势。一般可以通过以下几个方面完成：市场定位、产品定位、制订调查计划、市场表现追踪、撰写调查报告、资料分析。

（2）经营环境调查。

①宏观环境调查。

宏观环境指的是市场大环境，是创业团队不可控制的外在因素，包括政治、经济、社会和技术等。宏观环境虽然是不可控的，但是容易通过调查分析得出相关信息，所以我们要提前做好调查去适应它。

②行业环境调查。

行业环境通过调查竞争环境、市场的容量、消费者购买行为和消费特点，总结出所属行业的现状、结构等情况，从而预测未来的发展趋势。

（3）替代品的威胁。

替代品是市面上已有的销售产品（或服务）能取代创业者产品（或服务）的某些功能从而威胁到自身产品的销售。产品的重复性往往是竞争中威胁最大的，要做好替代品威胁调查，突出自身品牌的优势。

（4）行业现有企业竞争。

竞争行业的分析非常重要，为什么消费者买你的产品而不买其他企业的产品，这就需要创业团队去针对竞争行业分析对手的缺点，突出自身的优点。

（5）潜在进入者的威胁。

当市场有需求的时候，不只是一支创业团队能抓住市场机遇，随着市场的动态走向，会有越来越多的创业团队执行他们的创业想法，他们同样是有目的、有计划的，所以需要多调查了解竞争对手的营销策略等。

3．市场调查的步骤

市场调查工作必须有计划、有步骤地进行，以防止调查的盲目性。一般来说，市场调查可分为确定目标、正式调研、分析资料、撰写报告四个阶段。同时要遵守方法的延续性，分析方法的系统性，可常数化的数据、被访者的相关性和变量反应需求。

4．市场调查的方法

市场调查的方法主要有观察法、实验法、访问法和网络调查法。

（1）观察法。

观察法是调查研究最基本的方法，是调查人员利用自身的感官系统直接观察的方法，如运用视觉、听觉、触觉进行考察并收集资料。

（2）实验法。

实验法是在一种真实环境或模拟真实环境下的具体调查方法，调查结果具有较强的客观性和实用性。创业人员可以自行主动进行实验，控制产品的价格、分量、搭配等因素进行市场实验，通过销售情况得出各种自变量影响下的消费反馈。实验法的方便之处在于实验者可以自行控制改变产品的各种因素从而得出不同的影响结果，但是市场上的可变因素难以掌握，实验结果也可能受到影响。

（3）访问法。

访问法可以分为电话访问、入门访问、留置问卷访问。在访问前要设计好访问的结构和引导的话语，避免询问不必要的内容造成时间浪费和影响被采访者的心情。调查人员要按照事先设计好的调查表或访问提纲进行访问，要以相同的提问方式和记录方式进行访问。提问的语气和态度也要尽可能地保持一致。

（4）网络调查法。

网络调查法就是调查者将调查问卷通过互联网传播的形式交给被采访者，利用互联网的即时性、方便性等优点来进行快速的资料调查。采用这种方法的优点是采访范围广，节省时间，但是网络调查容易出现调查年龄不均匀、人员分布不均匀等缺点。

8.2　撰写与展示创业计划书

8.2.1　研讨创业构想

没有商业计划你不能筹集到资金……就它本身而言，一份商业计划就是一项艺术性的工作。它是表达企业和赋予企业人性化的证明。每个计划如同雪花，个个不同。而每个都是一个独立的艺术品，每个都是企业家个性的反映。就像不能复制别人烂漫的方式，你也需要寻求区别你的创业计划与众不同之处。

——美国创业管理专家约瑟夫·R. 曼库索（Joseph R. Mancuso）

创业计划书像一张藏宝图，一方面为创业者指引实现目标、获得宝藏的路线，另一方面是把图中宝藏的诱人之处展现给投资者，寻求融资，为取得宝藏奠定坚实的基础。所以在撰写计划书之前，创业者要好好对寻宝路线进行思考、商讨，想清楚以下几点：

1. 要明确干什么

首先是目的，我们要做些什么，用最精练的话语表达出创业团队要运用产品（或服务）干什么，这就是创业团队的执行总结。最精练的话往往是将理解得最深刻的话加以浓缩而得到的。

2. 要明确为什么干

创业团队为什么要这么干，这就要求创业者了解市场的需求，分析市场的动向，确定消费人群和市场定位，知道市场缺些什么或者遇到什么问题需要解决。只有经过一系列市场分析调查，创业者才能在创业的队伍中扎下深根。

（1）行业分析：通过分析同行业的竞争情况，要想在市场竞争中取胜，必须做到知己知彼，对比分析双方的优缺点，做到扬长避短。

（2）目标市场分析：通过确定目标人群，分析市场容量和预测市场发展趋势来估算创业产品（或服务）的销售盈利，是获得成功的关键要素之一。这样才能发现市场营销机会，与竞争对手抗衡，并扩大新市场，提高市场占有率。

3. 要明确如何干好

创业团队要怎样去实现他们的目标？首先要知道创业不是一个人在创业，而是一个团队在创业，所以先规划好创业团队的组织结构，明确每个人的专业特长，做到各司其职。其次就是创业产品（或服务）的问题，创业团队要不断优化自身的创业产品（或服务），通过它们来吸引投资者，从而解决资金的问题。当然我们也需要贴合宏观的环境如国家制度政策、资本市场、关系资源等创业。把创业中的人、物、资金核心问题都规划好，自然有助于创业计划的实施。

4. 要明确怎么赚钱

有市场，有产品，创业者该怎么赢利？明确怎么赚钱就是明确创业的商业模式、营销计划和营销策略，根据这几个方面打开市场，进行线上、线下销售。在销售过程中一定要分析产品在销售、运输、保存各个环节的资金明细，做到控制成本，增加纯利润。

创业案例2：

图 8 - 12　陈宝弟

在潮州市湘桥区桥东东兴街 340 门市，有一家个体户——"六人创意陶瓷坊"，它尊崇"踏实、拼搏、责任"的企业精神，奉行"诚信、共赢、开创"的经营理念，始终坚持客户至上、用心服务客户，坚持用自己的服务去打动客户。它是由韩山师范学院的学生创立的，而我们有幸也采访到了它的创立者——陈宝弟。

当谈到当时的创业构想时，宝弟告诉我们，他大一的时候就比较喜欢创业，因此，他加入了学院的创业者协会。在担任干事期间，他积极努力地学习有关创业的知识，到大二的时候，他成了学院创业中心的主任。在此期间，他看到上一届的会长自主创业，同时自己也想有所成就，而且协会里的人一开始就有这种想法，所以才聚集到一起，产生一些共鸣，都说想尝试一下，加上同个协会的人多多少少也有这方面的兴趣与能力，所以他跟几个志同道合的同学一拍即合，决定创业。可是，做什么产品或服务成为他们首先需要解决的问题。他考虑了一下潮州的地理位置，潮州是一座古色古香的城市，没有特别发达的科技，却是劳动力富集的地方，有很多加工厂，产业链比较多，如茶叶、陶瓷、婚纱、当地的特产等。通过调查和市场分析，他们最终选择了陶瓷。因为陶瓷在当地家喻户晓，几乎每个人都知道一点与陶瓷相关的知识，再者，潮州是中国陶瓷的生产基地之一，素来有"中国瓷都"之称，因此，做陶瓷比较符合当时的发展需求。而陶瓷除了可以做茶具、杯具外，也可以做花盆、装饰品等，或者在上面加上自己的创意点子，做成不错的创意礼物。

经过商量，他们每人出资 2 000 元，这些钱是从家里拿出来的，或者是从生活费中挤出来的，以 12 000 元开启了他们的创业之旅。刚开始，他们只是去一些当地的加工厂购买它们的库存产品，或者是购买一些有一点小瑕疵的产品，通过修补或改变它的用途，以一定的价格买进，再通过摆摊、上门推销卖出去。刚开始是小本盈利，后来生意有点小起色，突然销售量增加，他们就进更多的货。可是把钱都拿去进货，变成一堆货物压在那里，要怎么办呢？

创业是一个艰辛的过程，当出现问题的时候，不要想着放弃，而是要想办法去解决。当你有一堆货物压在那里卖不出去、没有收入时，你就得想更多的渠道去销售产品。他们刚开始秉承"绿色环保，变废为宝"的理念，所以陶瓷只是用来当生活用具、礼物，并且销售一些有创意的陶瓷，如大品牌的陶瓷 MM 豆、日本鬼脸、猫爪杯等。随着竞争越来越大，价格越来越透明，利润越来越少，于是他们逐步向个性定制的方向进展，比如定制一款可以刻字的 DIY 杯子、一款专属客户回忆的茶具等。由刚开始的变废为宝到做创意，再到个性定制，这是根据市场的需求一步一步发展起来的。创业过程就像一个人的成长，你会发现哪方面比较好，哪方面还存在不足。在成长的过程中，要慢慢去学、去提高，一个 5 元杯子怎么卖到 35 元，你要加入创意，有时候还要加入独特的想法，客户有哪方面的需求，你要帮忙出主意。每个人需要的都不一样，有创意、有优质服务，客户自然而然就能接受你给出的价格。

（丁晓枫）

创业案例3：

龚约翰，1987年出生于广东省潮州市，家境殷实。2007年考入广州大学法律系法学专业，大二时向其父亲借了10万元投资一家校园咖啡厅，2009年光荣加入中国人民解放军后备役。在原广州军区服役一年半后，在潮州开了一家名为"A＋"的干洗店。2012年到韩山师范学院申请旁听生，现为韩山师范学院法学专业旁听生。2013年9月在网上看到了一条和福顺焖锅的加盟信息，经过考察，两个月后开了潮州首家和福顺焖锅店。

因为笔者曾在该店做过兼职，同时也有一个和龚约翰一样的创业梦，所以经常向他请教一些问题，时间长了，对他本人也有所了解。

说到创业梦，约翰说自己一直怀揣那样一个梦想。大二时向父亲借钱投资一家校园咖啡厅，就是自己向梦想迈出的第一步。也正是这家咖啡厅，给他带来了成功的喜悦。

退役后，他坚持自己的梦想，放弃父亲铺设好的路，独自开了一家名为"A＋"的干洗店。

他一直有开一家餐厅的想法，当看到自己期待已久的机会就在眼前时，聪明的他马不停蹄地跑去安徽合肥"和福顺"总店进行考察。

谈到创业过程，他说很累、很烦琐。首先是发现项目，他说9月一天晚上他像往常一样在网上闲逛，在渠道网看到"和福顺焖锅开店加盟—和福顺焖锅连锁加盟"这条信息，点进去浏览了公司简介和加盟要求后觉得很不错。第二天他就飞到合肥考察，在那里住了三天，他说那三天他把每一种口味的焖锅都尝了，还去厨房看了操作流程，觉得简单易学，在与总店洽谈时他提出要根据潮州本土饮食习惯对食材进行更改，得到了总店的大力支持。

决定要投资后，他就开始找合作者了。当我问他为什么不单干时，他说："因为我经验不够、社会资源不足，所以我需要找一个合作者来弥补我的不足，这样我的风险也降下来了。"

是啊，这是一个竞争合作的时代，只有懂得优势互补、合作双赢的人才能取得更大的成功！

分工时，他选择了宣传、人事、营销这几项自己做得好的工作。而他对工作也确实很认真、很负责。我从没见过哪个老板会和员工一起在大街上发传单，而且质量和数量都让员工自愧不如，更让人吃惊的是所有与宣传有关的事竟然都是他一个人策划的，宣传单的制作、派发方案、派发过程、优惠券的制作等事宜，他都亲力亲为，连招聘来的店长都觉得他在"抢功劳"。

聊到优惠政策，他说自己这个店享受到了很多优惠政策。比如，大学生创业企业注册程序简化，减免各类费用；免一年登记证工本费；对自谋职业的城镇退役士兵从事个体经营者3年内免征营业税、城市维护建设税和个人所得税。他说很感谢国家的帮助和支持，这些优惠政策确实给了他很多鼓励，让他更加信心十足。

　　龚约翰的创业经历让笔者体会到"没有等出来的成功，只有走出来的美丽"这句话是多么真实。没有拼搏就不可能有成果。我问他每天几点睡、几点起床时，他说没有作息时间表，只要有想法就会立马去做，每天大概睡四个小时。他说那段时间每一秒就像黄金一样不敢去浪费。他感慨幸好自己当过兵，身体素质很好，不然还真的吃不消。现在他仍然坚持每周至少 3 次跑步 5 公里，因为这样不仅可以锻炼身体，更能磨炼意志。

　　创业不仅需要有拼搏的激情，还要有智慧。他想到的试营业期间"转发微信送水果沙拉"的优惠策略让笔者这个网络与新媒体专业的学生都赞叹不已。网络的力量还真是不可估量，因为很多客人在微信朋友圈转发了自己在店里吃饭的照片，无形中帮这个焖锅店做了宣传。他最初对客户群的定位是 25～38 岁的青年，没想到很多 40 岁以上的妈妈会带自己的孩子来品尝潮州首家拥有本地特色的"和福顺"美食。高涨的人气也带动营业额一路飙升，他起初预计一天的营业额不超过 10 000 元，可结果让他自己都很吃惊，开业第十天依然能高达 15 000 元，开业前三天更是每天接近 30 000 元。这就是知识创造财富吧，一分付出一分收获也是这个道理。

　　有了创业激情，有了创业智慧，有了创业成功的喜悦，会就此罢休吗？没有一个资本家胸怀不远大，也只有像狼一样野心勃勃，才能开辟更大的天地。

　　他招聘员工有三个标准，要有耐心、信心、细心。他说自己的目标并不只是开一家餐厅，他要做"和福顺"粤东总代理，他给员工制定了考察制度，将所有工作标准化。员工的考核成绩将与职位、工资直接挂钩，这样不仅可以提高员工的工作热情，更是为分店培养人才。他告诉我半年后他将在潮州开第二家属于自己的"和福顺"。确实，成功不仅靠勤奋，更要有智慧和野心。只有想得远，才能走得远！

　　创业是修行，而不是做学问。确实，经历过一次真正意义上的创业，让人感觉自己整个灵魂被洗刷了一遍。他现在的感觉就是：要过好现在的每一天，让每天都不会为昨天惋惜；一定要坚持锻炼，"身体是革命的本钱"并不只是一句口号；一定要坚持最初的梦想，这是自己活下去的动力，也是改变命运的最佳途径。

（王雄）

8.2.2　分析创业可能遇到的问题和困难

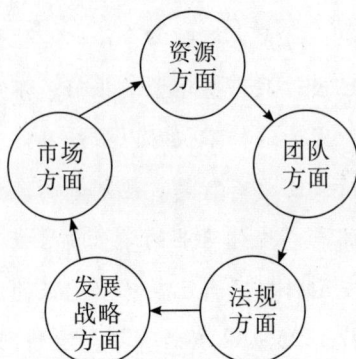

图 8 – 13　创业可能遇到的问题和困难

1．资源方面

创业资源是指能够帮助创业团队顺利开展创业计划或达到创业目标的人、物和时机。创业过程就是不断挖掘资源的过程，团队人才、创业资金、市场机会、产品研发技术、管理能力等都是常见的创业资源。

当然，没有一个创业团队在资源方面是十分充裕的，这就需要创业者在创业过程中不断创造价值，从而吸引资源。这要求创业者一方面要结合自身团队的优势，另一方面要学会宣传和社交，通过将外来的资源不断组合创新，壮大自己的创业团队。

2．市场方面

市场调查是创业计划中的重中之重，只有通过市场调查（宏观环境调查、行业环境调查、市场容量调查），创业者才能知道消费者需要些什么、突破口在哪，必须知道市场需不需要你的产品和竞争对手的威胁性。创业一定要以市场为中心，根据市场环境的变化而改变策略，不然容易被淘汰。创业团队的前期工作一定要集中创业资源进行市场分析，从而打开新产品的市场，为以后的计划奠定基础。

3．团队方面

创业团队是创业的核心，创业计划的实施不可能由一个人完成。换句话说，你有好的想法、好的产品，甚至有好的市场，但是没有一个好的团队来执行，那么一切都是白费的。好的团队往往能起到事半功倍的作用，成员之间的能力互补可以增强团队的整体实力，起到降低管理风险、提高管理水平的作用。

当然在团队执行计划的时候发生矛盾也是很正常的，主要有利益矛盾、意见矛盾、性格矛盾等。梳理矛盾既要有智慧，又要有胸怀，建立并恪守团队价值观与团队文化理念，理性对待矛盾，尊重客观情况，做到不偏袒、互相理解。创业者必须要有大局意识，不能因为暂时的矛盾和利益发生冲突。

4. 发展战略方面

在确定发展战略之前，首先要明确创业的市场定位，明确自身创业的短板所在。像刚创业的中小企业，发展前期是关键期，团队的生产、管理、资源和其他方面能力有限，很容易跟不上市场的营销需求。

为了解决类似的问题，创业团队一定要把团队人才、资源和企业的文化制度联系起来，制定有效、系统的发展战略。发展战略涉及产品的营销计划、公司利益分配、管理制度、市场竞争等，既要满足前期创业不稳定的资源需求，又要展现企业的潜力优势。因此，战略的部署需要从以下几个方面来考虑：明确创业发展方向；制定发展的速度与阶段目标；用什么来确保实现目标；创业未来需要哪些能力支持。

5. 法规方面

无规矩不成方圆，在创业初期阶段，会有不少创业者把重心放在市场营销方面，加上前期创业人员少、资金少，很容易就忽略了法律风险和团队规范化的管理。这样轻则导致团队不融洽，重则面临法律官司甚至公司倒闭。

（1）注意创业形式的选择。

创建的企业组织形式有公司制企业（有限责任公司、股份有限公司）、合伙制企业和个人独资企业三大类。它们有各自的优劣：公司制企业，公司以其资产对公司债务承担有限责任，股东以其出资额为限对公司承担责任，即使企业日后出现运营困难，无法偿还所有债务，债权人通常也不能向股东要求偿还。合伙制企业，创办费用低，可以众多合伙人筹资，只需要缴纳个人所得税。但合伙制企业对企业债务先用合伙制企业财产抵偿，在抵偿不足时，由合伙人以其财产承担无限连带责任。个人独资企业，无须缴纳企业所得税，创立容易，机构简单，但是创立规模小，资金资源不足，个人独资企业解散后，原投资者需要对企业承担无限责任。在创业初期，建议采用有限责任公司形式以降低创业风险。根据创业者的创业形式，把自己的钱和公司的钱分清楚，建立完善的财务渠道，避免法律风险。

（2）注重各类协议、章程和公司制度。

团队成员执行前要签订相关的合作协议、投资协议、保密协议等章程，写清楚每个人履行的义务和享有的权利。一旦出现违反签订章程内容的情况，要严格追究其责任。制度是纪律的保障，是公司的"宪法"。落实到成员的个人行为的制度也是非常有必要的，这是约束成员的"法律"，包括考勤、奖惩制度等，这样有利于团队的纪律风气和团队面貌。越是大型的企业，规章制度就越多，正是这些井井有条的制度，才使整个企业运作高效有序。

（3）关于加盟的问题。

对于加盟者，一定要在加盟前做好特许企业条例的审查工作，保护好自身权益。留意以下问题情况：审查特许加盟合同特许企业的履行情况、特许经营中消费者权益保护和赔偿责任的承担、特许加盟合同转让和终止问题等。主要审查特许经营人的注册商标的所有权人是谁、注册商标是否为驰名商标、公司的产品是否为专利产品、专利人是谁、公司现有几个直营店、每个店的经营情况如何等，符合规定的特许人都应当通过政府网站进行备案。

（4）注意合同签订事项。

在签订合同前，首先要做好对合作对象的主体资格审查，了解清楚合同对方是自然人或法人还是"其他组织"。如果搞不清楚合同的当事人、谁与谁做交易，就无法确定权利的享受和义务的承担。其次就是决定合同的形式，合同必须以书面形式签订，合同内容必须严谨无误，可以向专业律师咨询，避免出现漏洞。还必须明确合同的必备条款，如合同的标准、数量、质量、违约责任等内容。要有保留相关合同证明资料的意识，合作双方的书面来往文件都必须有当事人的确认。签订合同后，对方出现违约或者欺骗的表现，可以依法终止合作关系，结束合同，并运用法律来保护企业的权益。

（5）注意用工问题。

用工最大的问题就是劳资的处理问题。一方面，像出现拖欠工资、故意克扣工资的情况，这样就会造成工人与公司纠纷不断、影响企业的声誉和资金赔偿的后果。另一方面，避免劳工为了窃取公司的重要商业信息而加入企业，所以企业公司要对培训的人员签订保密协议，从而维护公司的利益。针对用工问题，创业者可以增强劳务关系双方的法律意识，加强企业劳动和合同管理，加大执法力度，保障劳动者的合法权益。劳动用工和劳动组织之间的管理需要双方按照相关法律规定来执行。

（6）债权债务管理。

债权债务管理作为企业管理的一项基础工作，管理质量的好坏决定着公司资金运作效率的高低。对企业赊销以及账款管理不够重视，容易造成财务的流向不明确和无法回收账款，造成经济流失或资金链断裂。所以，创业者要高度重视债权债务管理工作，重视会计核算工作，完善企业内部的控制工作。注重对资金运用决策的控制，避免出现承担过高债务的风险，同时加强对债务回收的管制。

（7）注重知识产权保护问题。

知识产权是个人或集体通过时间和汗水获得的智力劳动成果，但是刚开始创业的小型企业对商标、专利不重视，易造成技术秘密泄露和被侵权或盗版。所以创业者需要防患于未然，树立知识产权的保护意识，及时申请相关的版权注册和专利商标。发生知识产权纠纷时也不要慌张，要注意调查取证，通过行政保护与司法保护等途径来开展知识产权保护。

创业案例4：

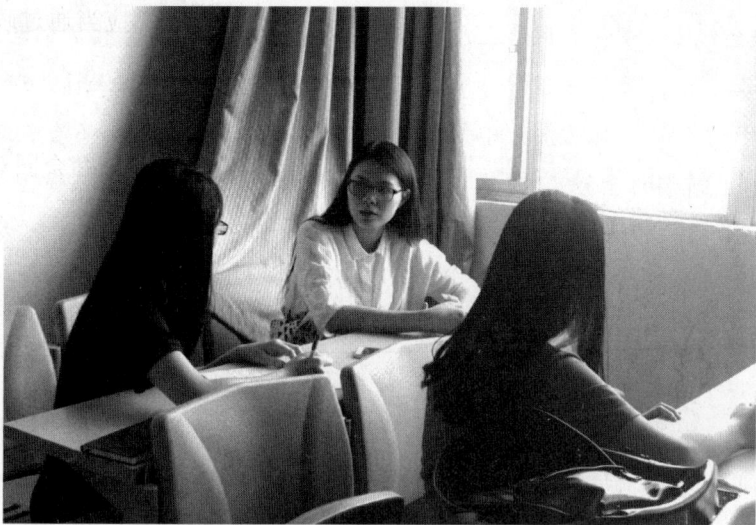

图 8-14　高淦（中）

　　蓝海动漫艺术设计中心是一家大学生创业公司，主要开发动画片和相关衍生产品，是目前粤东综合原创动漫制作机构。蓝海动漫依靠高校优势，与韩山师范学院潮动画工作室、影视动漫游戏创新实训基地、浙江传媒学院新媒体学院游戏开发中心、北京电影学院数字动漫与游戏研发基地建立合作伙伴关系，服务过的单位有粤东三市政府部门、广东省电视台、汕头电视台、潮州电视台、揭东电视台、广州摩拉集团、中海油能源有限公司潮州分公司、中国移动揭阳分公司等。它坐落于广东省潮州市桥东东兴街，以自主开拓、产学结合、创新研究为核心价值，以博爱、团结、诚实、创新为创业精神，以振兴民族动漫设计为企业使命，以成为具有完整动漫产业链的动漫上市集团公司为长期目标。它的首席执行官是2012年从韩山师范学院毕业的高淦。她的传奇创业生涯，又是怎样开启的呢？笔者有幸联系到了这位传奇人物。

　　高淦表示，她读高中时，卡通潮剧很流行。其中，由韩山师范学院的一个动漫组工作室出品的卡通潮剧《柴房会预告片》非常火爆，很多高中生追看这部卡通潮剧。喜爱动漫的她那时就在想，如果能进入韩山师范学院读大学，一定要接触那部剧的团队。于是，进入大学后，她很自然地加入韩山师范学院的动漫工作室，完成高中时代的动漫梦。

　　梦想可以很丰满，现实却很骨感。加入团队后高淦才发现，工作室的成员由于没有固定的收入，在卡通潮剧风头正茂的背后，核心成员毕业陆续离校，卡通潮剧的制作举步维艰。随着一些核心成员陆续毕业离校，卡通潮剧的制作陷入困境。此时，一个大胆的想法让高淦自己都吓了一跳，何不成立一个大学生白手起家的创业团队，商业化运作动漫事业？

　　"我们也对当地的动漫市场做了简单的市场调查,粤东地区几乎没有动漫制作企业,这与当地兴盛的玩具行业完全不匹配。"高淦说,当时正好团队制作的另一部潮州元素动画短片《柴房会外传》不仅在网络上广受追捧,还获得了全国大学生原创动画大赛金奖。可成立一个实体企业,对于一名大一学生来说谈何容易。除了技术人员是现成的,资金、场地、学业时间分配、工商税务注册手续这些都是难题。创业之初,高淦遇到的最大困难是资金的短缺。"前期的资金可以算是天使投资。"她打趣说自己的创业资金主要来自个人的积蓄,以及家人、朋友的资助。幸好高淦的想法得到了学校领导和团队成员的大力支持,转机在不久后出现。

　　创业伊始,为了维持团队的生存,蓝海动漫会接一些平面设计、网站设计、多媒体设计之类的业务,无论多小的单都接,9 元、10 元的喷画也接,希望一步一步做起来。高淦的评价是,"可以说那时候是属于'饥不择食'的阶段。但是,这个阶段会很快过去"。她说,因为团队成员时刻记住自己的主心骨仍是动漫,接其他业务是为了更好地服务主心骨。

　　企业想要做大,完善各种登记手续十分必要,这时,高淦很犹豫。一旦注册,她就是法人,要承担法律责任和社会责任,当时读大二的她还没办法承受这么大的压力;一旦注册,就意味着她以后可能失去很多好的就业机会,那段时间有来自父母、朋友的很多压力,内心十分挣扎。

　　就在此时,团队制作的一部潮州元素动画短片再次在网络上引起轰动,另一部作品《柴房会外传》更是获得了潮州市宣传文化精品奖,两部"潮味"十足的作品大获成功,加上从中央到地方又先后出台一系列扶持文化产业和动漫产业的政策,廓清了动漫产业未来发展目标和政策导向,这让高淦和她的创业团队最终下定了决心。

　　她迅速组队创业,在 2011 年 4 月完成了公司注册。完成注册,高淦成了设计中心的法人代表,大学二年级的她成了一名学生老总,带领着年轻的团队开始创业征程。

　　由于是大学生创业,高淦很自然地遇上了成长的烦恼。"创业之初由于经验不足,会导致'大小月'现象的出现。"她说,比如淡季时,有时连续几个月是零单量,不仅团队正常开销成问题,更多的还有来自精神上的困惑,对自己及团队产生怀疑的消极情绪。旺季的时候,项目很多,制作周期又很短,团队成员经常熬通宵,身体上的疲劳不言而喻,有的同事连续三天几乎没有合眼。可以说淡季的辛苦来自精神,旺季的辛苦来自身体。

　　最让高淦担忧的还不是这些。"工作节奏可以调节,我们遇到的最大瓶颈不是技术也不是人才,而是市场的推广。"她表示在市场观念方面,在注册公司之前也做过一些调查,情况不是很乐观,但她没有因此而放弃:"因为我从小生活在一个经商的家庭,在一个地方没有市场是因为没有好好去引导,所以我觉得还是先把公司注册了,市场方面的需求之后可以慢慢去引导。"之前蓝海动漫的产品偏向艺术动画多一些,现在转向开发商业动画,很多人还不太了解,所以未来会加大力度做好市场推广的工作。

企业的一步步壮大，源于这群年轻人的努力，也得益于国家、省、市对大学生创业和发展动漫产业的政策扶持。政策资金的扶上马、送一程，为这个新生企业的发展提供了有力的保障，也让企业认识到应负的社会责任。同时，这个团队属于大学生团队，可以申请"大学生自主创业证"，再凭借"就业失业登记证"，就可以跟税务机关申请一年8 000元的限额税收优惠。需要购买一些设备，她们就向银行贷款15万元。而一有闲暇，团队也会制作各类潮州特色浓郁的公益动漫片，以年轻人喜闻乐见的形式宣传推介潮州文化。作为一家大学生创业企业，其制作的动漫产品不仅具有浓厚的潮州本土特色，代表着目前先进的动漫创作水平，同时还解决了学校部分学生的就业问题。不仅如此，他们还在各类创业比赛和动漫制作比赛中屡获殊荣。

早在2012年，设计中心拥有的固定资产已经超过400万元，资产增值超20倍，办公地点也从市郊搬到了市中心，创作团队已经由原来的十几人扩展到近百人，其中不乏来自中山大学和电子科技大学等名校的毕业生。谁都没有想到，这个不起眼的动漫企业能在短短几年中展现出如此强大的生命力。在近期广东省创业创富大赛上，设计中心还与一家年销售额六七亿元、员工数千人的大企业并列获得就业贡献特别奖。

目前，蓝海动漫的收入更多来自客户的订单，或者是商业动画，营收基本能够维持团队日常的开支。"我们将沿着商业动画为主、艺术动画为辅、客户订单与自主开发相结合的经营模式，努力赚够原始积累之后再加大力度开发原创动漫。"高淦说，目前蓝海动漫的全职与兼职人员有近百名，现在的原创短片大部分是一些比赛的作品。

目前设计中心正招兵买马，网罗动漫制作人才，准备利用潮州市促进文化与产业发展的契机，借助潮州古城的深厚文化底蕴，将企业打造成为一个具有浓厚潮州文化特色的动漫集散中心。

最后，我们期待能有更多的创业者加入文化创业的行列，借助政策的东风，打造出更多具有民族特色的文化产品、文化精品。

（林博冰　叶展纯　张雯洁）

创业案例5：

韩山师范学院附近的电动租车行给韩师学子出行带来无穷的便利，尤其是在韩江大桥修路期间。但很多人都不知道的是，第一个看到韩师学生的需求，挖掘这块市场，进而开起租车行的是学子租车行。

学子租车行的老板廖大叔是一个非常健谈的人。但当我们聊到创业的时候，廖大叔却摇摇头，说他是一个失败的例子。原来，廖大叔的租车行是在2013年6月开始运营的，店里的电动车并不是我们经常在路上看到的那种类似于自行车的小巧的电动车，而是比较大的类似于摩托车的电动车。可就在2013年8月，潮州出台政策，这种大的电动车危险系数较高，不能随便上路，驾驶者必须要有相关证件。然而，学生群体大多是没有相关证件的。

因此，政策一出台，马上就有学生在市区骑车被拦截，车随即被执法人员没收。廖大叔说一共有3辆车被缴。这个时候，廖大叔铺子里的30辆车还非常新，在灯光下散发着耀眼的亮光，但是那光深深地刺痛了廖大叔的眼睛。短短2个月，廖大叔精挑细选、保养有加的电动车就变成了一堆没有用的废铁，这让廖大叔的心沉甸甸的。

但是，损失已然造成，只能想办法补救。在走投无路的垂死挣扎下，廖大叔最终将这30辆总共价值9万元的电动车以每辆1 000元的低价卖给了其他还没有实行这一政策的市区。一开始的惨败，对廖大叔是一个沉重的打击。其实，廖大叔的商业眼光是非常锐利的。我们现在已经知道，租车已经刮起了狂潮。但是，这个意想不到的失败也给我们提了一个醒：创业是条荆棘路，一不小心就会让自己遍体鳞伤，方方面面都要考虑周全。

深受打击的廖大叔并没有因为一开头的不如意而直接判处租车铺子"死刑"。首先，廖大叔对韩师的租车市场还是抱有希望的。其次，租车的店面一开始签的是3年租赁合同，廖大叔不想放弃。于是，他调整自身，顺应政策，买了80辆小巧的电动车。

现在，已经是廖大叔开租车行的第二年了，在路上经常可以看到正在行驶的小电动车。在高峰期，笔者去廖大叔那里租车是经常要对着空空的铺子等待其他人的归来。在等待的时间里，笔者看到了很多事情。有个同学，急忙跑过来问廖大叔，她的书落在店里好几天，一直忘记过来拿。廖大叔笑嘻嘻地说，只要是落在店里的东西，无论多久回来找，都能找得到。

廖大叔的学历低，但他将是非分辨得很清楚。令人惊讶的是，他是个走文艺路线的大叔。他从19岁开始一直尝试文学创作。1983年加入了潮州作家协会，是当时年纪最小的成员。虽然廖大叔出来做生意，但他一直保持着阅读和写作的好习惯。廖大叔很喜欢研究《周易》。在他的QQ空间，笔者看到很多关于《周易》的文章。有些是自己创作的，有些是转载的。廖大叔对《周易》是颇有心得的。他笑眯眯地结合现实生活，跟笔者分享他的心得。文艺范十足的廖大叔对经典的热爱与钻研，让他的心境变得平和。廖大叔认为创业的过程中会突然有很大的起伏，特别需要冷静的头脑和平静的心。这是一种精神食粮，为创业铺桥搭砖。

笔者好奇地问廖大叔在创业过程中有没有值得分享的事情。廖大叔是个豪爽的人，他说他和很多大学生打过交道。有些大学生的责任感真的挺弱。像有学生租车，在路上爆胎了，打电话直接和廖大叔说，把车放在路边了，叫他去收拾残局。当然也有很多有意义的事情。像韩师有很多义教队，因为路途遥远，需要租车。只要是在廖大叔这里租车的，都可以得到半价的优惠。如果是去兼职做家教的，就没有这种优惠。廖大叔说年轻人，大学生尽自己的能力做好事，应该支持，因为他们在付出。说到这里，要给廖大叔"点赞"！

现在，韩江大桥已经通行，租车潮也已经涌现，周边的竞争也多起来了。韩师及周边的需求是一定的。高峰时一车难求、闲时却无地可容的问题，是廖大叔及其他租车行老板亟须解决的难题。

　　无论店铺到期后廖大叔是否会继续留在韩师附近，但这位文艺大叔的创业路途还将继续它的沉沉浮浮，祝福这位有信仰、有追求的可爱大叔越走越好。

（赵晓华）

8.2.3　把创业构想变成文字方案

　　或许你有一个很好的创业想法，但是仅仅有想法那还不行，应该静下心来写一份计划，在写的过程中你就会发现想法有多少漏洞。但正是这些漏洞，才让你的创业计划走向现实。一份清晰的创业计划书，有利于创业者对企业的远景做出规划和预测，是行军的战术规划书，更是求职者的求职简历。

　　1. 封面设计

　　封面设计效果图虽不是纯艺术品，但必须有一定的艺术魅力，便于同行和生产部门理解其意图。优秀的封面设计图本身是一件好的装饰品，它融艺术与技术为一体。封面设计作品若不具备美感，就像红花缺少绿叶一样，黯然失色。它是装帧艺术的重要组成部分，犹如音乐的序曲，是把读者带入内容的向导。

　　封面是创业计划书的"颜值担当"和内容向导，好的封面起到吸引读者的作用，所以封面设计在创业计划书中也是需要花心思的，设计过于简单给人感觉黯然失色，过于复杂给人感觉眼花缭乱。这恰到好处是最让人难以拿捏的，一定要考虑色彩的搭配及排版的灵活与创业产品（或服务）相结合，突出主题。

　　2. 企业（或服务）介绍

　　创业计划书是求职者的求职简历，如果说封面是求职者的外貌，那么企业（或服务）介绍就是求职者的自我介绍了。如同求职介绍一样，用最精练的话语把创业的核心讲述出来，如公司的营销策略、产品（或服务）的优势、市场分析定位等。

　　（1）企业定位。

　　企业定位要根据创业品牌和创业产品（或服务）的特性，将企业独有的个性和文化塑造于消费者的心中。要做到市场定位，必须要先了解市场的竞争情况和需求，知道哪里需要我们、需要我们做些什么、我们怎么去做。

　　（2）企业理念。

　　企业理念就是结合创业产品（或服务）如何给消费者带来利益、满足消费者的同时，提升企业公司的形象和影响力。

　　（3）企业的股权结构。

　　这部分主要讲述的是新创业公司的股权结构关系，可以附上股权结构图，明确每个团队成员的工作，把工作和职责合理分配到每个创业成员身上，这样有利于工作效率的提高和责任的追究。

（4）企业的目标和发展战略。

企业的目标和发展战略是创业规划的蓝图，有目标才有方向，有战略才能取得成果。企业目标和战略的制定一定是离不开市场分析的，因为不管什么创业，都是以市场为中心，随着市场动态变化而改变，市场就是企业制定目标和战略的依据，创业者需要根据市场分析企业现状，结合创业产品（或服务）的优势，规划未来发展，制定发展策略。当然遇到不足或者困境时，也要坦然接受，从中分析汲取经验。

注意事项：在制定企业的目标和发展战略时一定要实事求是，不可夸大。任何企业都有优点和缺点，我们要做到扬长避短。若有所失误，也要坦然接受，给出补救措施。

3. 市场分析

市场调研是为了了解客户，从而为营销战略和计划的制订做铺垫，它包括以下几个方面：

（1）目标市场分析：做好目标市场分析，能够让投资者相信创业者的眼光和能力，同时也让创业团队预测到创业竞争的压力，所以创业者需要表达的观点是创业团队有足够好的产品（或服务）在当前足够大的市场上满足消费者，也有足够的能力应对未来的需求增长情况。

①整体市场规模的绝对值：市场的容量。

②成长性：市场的动态走向和相同行业的稳定程度。

③区域性规模：类似行业是相对集中还是分散。

④市场形态：较大型相同行业的市场占有额是如何分布的。

（2）行业分析：创业产品（或服务）要进入市场的各种影响因素，资金、营销、运输等关键问题的考虑。

（3）竞争对手分析：市场上往往已经有一些与你的业务相同的企业，也会有一些可以替代你的创业产品（或服务）的潜在竞争企业。这些都是创业团队需要分析的对象，分析自己与他们相比，优势在哪里，制定竞争战略方向和战略措施。

4. 产品（或服务）介绍

产品（或服务）的介绍是创业团队最直接的成果，也是投资者较为关注的内容，产品（或服务）的实用性、需求性和优势都能为创业团队带来巨大的竞争力，所以在介绍时一定要把其优点、性质、专利等方面介绍给投资者。

有需才有求，产品（或服务）自身优势多、竞争力强还不够，投资者还需要根据市场需求情况做出抉择。如果市场不需要你的产品（或服务），那么做得再好也没有用。所以投资者在关注产品（或服务）的同时，更加关注的是这些东西能满足消费者多大的需求，能否解决他们的问题、帮助他们提高生活水平。

产品（或服务）的介绍要分以下几个重点讲述，想让投资者信服，就必须让他们觉得有价值。

（1）对于产品技术类项目，一般从三个方面进行阐述：

①产品技术自身的核心技术、核心优势，以及是否处于完全开发状态等。

②产品技术的应用领域或对象，是否申请知识产权等。

③产品技术是否符合对市场前景的需求，解决消费者的问题。

（2）对于文化创意与服务咨询类项目，可从四个方面进行阐述：

①对公司的服务性质、对象、特点、领域进行介绍。

②提供的服务给消费者解决了什么问题，通过怎样的途径解决问题。

③服务自身的优势和竞争力体现在哪里。

④产品技术是否符合对市场前景的需求。

5．人员及组织结构说明

创业的重心就是各位创业成员。有人才有想法，有想法才有行动，有行动就有分工，创业者和团队管理的介绍是创业计划书中不可或缺的内容。

成功的企业不是一个人而是一个团队，高素质的团队在工作和管理方面都给企业的稳定性提供非常大的帮助。成功的企业必须有负责产品设计与开发、市场营销管理、财务管理、后勤管理等方面的专门人才。团结就是力量，在创业计划书中要重点展示团队的凝聚力，优秀的团队能把不可能化作可能。

6．市场预测

市场预测通过对市场供求动态变化的宏观环境因素、行业环境因素等进行分析，掌握其中的变化信息，为之后的营销战略计划提供信息依据，也可以从中预测市场的动态变化，做到一定程度上防患于未然，避免不必要的创业风险。

市场分析预测主要包括目标顾客和目标市场；国家政策动向、市场容量和未来市场的发展趋势；行业竞争中的地位、竞争对手的情况、各自的竞争优势；预计的市场份额和销售额。

（1）产品技术类。

对于产品技术类的市场预测，首先要根据产品自身性质，确定目标客服群体，了解市场容量和行业占有率的情况，讲述产品技术的必要性。

（2）文化创意与服务咨询类。

文化创意与服务咨询类主要注重创新性、独特性和可行性，同时要讲述市场的前景，通过怎样的方式满足消费者怎样的需求来从中赢利，有确定的消费群体和商业模式。

7．营销策略叙述

（1）产品策略。

产品策略主要是指产品的美化、质量、外观、包装和服务，为了加深产品在消费者心中的印象，可以设计海报、口号等对产品进行宣传，扩大知名度。根据市场产品需求，也要不断地创新变化。

（2）价格策略。

价格策略考虑成本、折前折后价格、消费者消费水平，以最终定下的销售价格赢利。

（3）渠道策略。

渠道指的是产品从开发出来到消费者的手中需要经过的各个环节，如销售渠道、运输渠道、储存渠道，这些都是需要创业者思考的问题。

（4）促销策略。

促销策略主要根据当代比较前卫的宣传方式进行产品宣传，比如互联网、新媒体平台的传播活动，也可以采用人员推销、时间营销等措施。

8．生产计划说明

生产计划说明的作用在于帮助投资者了解产品生产情况和资金的需求。主要包括以下几个方面：

（1）产品制造方式。

这里主要说明产品生产研发是通过创业团队进行生产还是委托他方进行生产，还有进行生产的场地是否符合安全标准以及场地的交通条件等情况。

（2）开发新产品的计划。

产品必须根据市场需求的变化而创新，预计产品创新的资金投入程度（设备采购、人工成本、检验试验成本等）、产品的创新方向和创新重点。

（3）生产设备情况。

生产设备情况要说明设备的必要性、成本和性能。例如，生产设备能否达到企业每日或每月的需求、操作设备是否需要专业人士等。

（4）质量控制。

质量控制讲述产品利用原材料到制作成品的用料率和成品率，分析生产的制作流程、工艺流程、设备器件等在正常工作下是否对产品的质量有所保证。

9．财务规划描述

创业团队需要做好财务规划，公司资金的流动明细和运用计划可以帮助公司降低经营风险，稳定公司正常运营。

（1）投资分析。

投资成本、资金来源与运用、经营收入与回报预测、盈亏平衡分析等关于投资的资金问题都是需要在投资前考虑的，所以要在创业计划书上写清楚投资风险和规避措施。

（2）财务分析。

财务分析以分析信息为重心，其分析内容包括很多，但主要是对企业的偿债能力、营运能力和盈利能力进行分析。

偿债能力有短期偿债和长期偿债，企业能按时、足额偿还既能体现企业财务处理的灵活性，也是衡量企业信誉系统的重要标尺。

营运能力是指企业人力资源对企业整体管理和规划的能力，把财务合理地运用到企业的运营上，包括产品（或服务）的营销、劳工问题、产品创新等。

盈利能力是指根据市场分析从而预测需求量，估计产品（或服务）的盈利程度，并且及时发现各个环节的开支问题，控制财务支出，减少不必要支出。

（3）财务管理。

企业对财务的管理体现在对财务的运用、规划预测、记录等方面，投资者和战略伙伴也非常关心创业团队的财务情况。数据是最好的说服理由，想让他们信服就要拿出有前景的数据，其关键包括：

①企业过去 3 年的财务支出与盈利情况。

②今后 3 年的财务运用方向的预测。

③融资计划。创业团队前期的资金资源可能不足以支撑公司的运营，或者后期公司更好的发展需要投资者的融资。创业团队需要知道公司运营的资金需求量及资本结构，投资方投资额、自身公司出资额、资金的使用计划和用途等都需要明细，还要做好财务的预估，预计未来 3 ~5 年年均净资产回报率，投资方以何种方式收回投资，以及具体方式和执行方法。

10．风险分析

针对市场风险、经营风险、财务风险、技术风险、人力资源风险等做出风险规避方案，可以让投资者减少对创业团队的担心，同时展现了创业团队的分析能力和应变能力，做好一系列准备，防患于未然。

创业案例 6：

黄春娣出生在一个贫困的家庭，全家的支出仅靠父亲微薄的收入，三餐都成问题，家中有四姐妹，她是长女，她从小就体贴细心，帮助父母照顾弟弟、妹妹，打理家事。她上学时成绩总是名列前茅，在她心里，书并不仅仅是书本，更是她通向梦想道路的阶梯，也是她的精神食粮。

但事与愿违，因为家庭经济无法维持四个子女的上学费用，作为长女，懂事的她偷偷地擦干眼泪，放弃了自己梦寐以求的读书梦，初三毕业那年就外出打工，补贴家用，把那美好的读书梦偷偷地埋在心灵的最深处。

她的第一份工作是在深圳的一家眼镜厂做简单的加工工作。刚从农村出来，什么也不懂，人生地不熟，打扮土气的她经常被他人用异样的眼光打量。为了赚多点钱帮助家里，她不辞劳苦地埋头苦干，第一个月的工资只有可怜的五百多块，不过她很清楚，简单的加工工作连小孩子都会做，工资这么低也是合情合理的。要是能掌握技术活，那还怕工资低吗？埋在内心的读书梦又开始燃烧起来。她在本来就很少的工资里留下了一点钱，买了一

大学生创新创业教育——基于潮商创业精神

本计算机入门的书，一边打工一边学习基本知识，心想等攒够了钱再报个计算机班。那时的她比别人付出多几倍的努力，因为她坚信，机会是留给有准备的人的！努力之下，她慢慢地熟悉了计算机。她也很关注行情，聪明细心的她注意到当时家乡的珠宝很流行，也打听到家乡的老板出外销售珠宝，于是前去广州荔湾广场应聘。刚开始，老板看她是同乡人，就留她下来负责珠宝店最简单的后勤工作，如贴标签、分类、整理、清点等。面对店里最低的职位和不怎么样的工资，她没有敷衍了事，而是刻苦勤劳、认真负责地完成每一件事，对自己职责外的事情，也任劳任怨地去完成。在工作之余，她还努力学习珠宝这个行业的知识，不断提高自己各方面的能力。她所做的一切别人都看在眼里，店里的每个人都很喜欢她，老板也很欣赏她，两个月后，她就升职为前台销售。

对于销售，语言是最重要的。她升职为前台销售后，有时候会遇到一些外国客户，可是她初三的英语不足以应付外国人，店里其他人学历不高，也不能和外国人沟通。眼巴巴地看着外国客人因为沟通问题而放弃交易，她心里像打翻了五味瓶。她觉得英语在销售方面很重要，于是她省吃俭用，每个月除了寄一部分钱回家，其他钱都留起来当自己上夜校学商务英语的资金。存了三四个月后，她便开始上夜校了。她原本就好学，再加上工作的需要，很快便能跟外国客户简单地交流了。经过一年的努力，她的销售工作很出色，得到老板和顾客的赞赏，晋升为销售经理，也得到了满意的工资。

眼见自己的事业刚刚有起色，存了一些钱的她刚对自己的人生做更长远的规划时，无奈珠宝行业顿时冷落，珠宝店保持赤字几个月后，老板不想在珠宝行业僵持冷局便关闭了珠宝店而投资其他行业。这对她来说就像发生地震，这个可怕的"地震"把她所有的规划都震碎了！她所有的努力化为泡沫，曾经那小小的辉煌成为浮云，难道一切又要重新开始吗？

既来之则安之，那就重头再来吧。经过几年磨炼的她，在销售方面也有了一定的经验，她相信自己能够卷土重来，于是她去一家卖银饰的店铺应聘，很快便进入了新的岗位。但经过上次的事件，她意识到打工永远是打工，命运掌握在别人的手里，她不想所有的努力像上次那样又变成泡沫，命运掌握在别人手里还不如自己打拼！从那时起，她便有自己创业的念头。因此，她一边工作，一边了解银饰行业的运作。经过两年的了解，她觉得自己也可以当一个小老板，但是资金是一个大问题，穷苦的家庭又怎么能拿出这笔钱呢？

在一次偶然的朋友聚会中，她了解到有两个朋友也想做这方面的生意，他们三个人一拍即合，银饰销售这方面她比较在行，所以负责销售方面；其中一个朋友是计算机专业的，刚从日本留学回来，他在网络销售方面很有心得；另外一个朋友的家族是开银饰加工厂的，于是他就负责货物进出方面。这样一来，成本就低很多了，资金方面暂时算是勉强解决，很快就谈拢了。他们租了一个小房子，开始做起淘宝银饰生意。

经营淘宝生意时，虽然卖出了很多银饰，但也常常遇到某些商品缺货的情况，流失了很多重要客户。他们深刻认识到这样是不行的，应该改变他们的经营模式。经过商量，他们觉得应该要采取网店和实体店相结合的方式。经过大家两年的共同努力，还是发现经济实力不足以维持这种销售模式。东拼西凑，还向银行贷款。在背负外债的情况下，他们注册了属于自己的公司。规模扩大了，工作量也大大增加了，原本 3 个人的团队增加到了 6 个人。她知道成功的经营不仅需要天时、地利，还需要人和，她对自己的员工就像对自己的家人一样，因此员工都很愿意为公司做事，即使是加班，也从不埋怨一句。

在第一个年头，因为之前开的淘宝店已经拥有了不少客户和销售的渠道，生意还算不错，主要依靠网店跟实体店赚钱，但依然受到不少考验。在公司成立不久，第一次做"聚划算"活动时，她心想着做活动流量比较多，一定能卖得很好，就进了 1 000 个手镯。整个准备阶段用了一个月。但活动那天，销售量竟然出乎意料，只有 200 多个，那么多剩余的手镯该怎么办？进了那么多货，卖出不去，资金就会出大问题。情况出现了，就要想办法解决，上下一心，重新找销路。他们灵机一动，凭着银价的波动，把这一批手镯按银料卖给了厂家，银价的差价也差不多能抵偿加工费，就这样解决了这次危机。他们想，为什么销量会那么少呢？经过调查，发现是自己的图片做得不好，让人产生错觉，觉得手镯很小。他们吸取了教训，接下来的活动基本都没出过问题了，生意也越来越好，这一年，公司还清了外债。

目光长远的她不满足于现状，想着公司不用只靠自己零售赚钱，也能通过其他人为自己赚钱，于是又做起了网络批发的网店，让淘宝卖家帮自己赚钱。就这样共同努力了一年，他们终于赚了不少钱，生意也很稳定，走着上坡路。现在公司的规模刚刚好，所以她建议，不要把钱继续投资在银饰上面，也不把赚的钱平分，而是用这些钱建立一家外贸电商公司，合伙人也一致赞同。新的外贸公司很快就在美国注册了，法人是她。对他们来说，这不是成功的终点，而是他们事业的另一个开始。

其实每个人都有梦想，重要的不是你有没有梦想，而是你有没有脚踏实地地追求梦想、实现梦想。实现梦想的过程就如登山，一觉得累就认为自己没能力爬这座山的人注定无法实现梦想，能成功的人往往都是能够坚持不懈，想尽办法去克服路上一切困难的人。当你觉得梦想离自己很遥远时，为何不想想"不经历风雨怎能见彩虹"这句箴言呢？想要实现梦想的你，别再羡慕报纸、电视上那些成功人士了，脚踏实地，现在启程。就如黄春娣说的一句话：野草遮不住太阳的光芒，困难挡不住勇敢者的脚步！

（黄雅康　黎碧存）

8.2.4　创业计划书的撰写

撰写创业计划书的过程中应当遵守以下原则：

1. 目标明确，优势突出

一份好的创业计划书是条例清晰、层次分明、中心明确、佐证齐全的，通常情况下阅读者在有限的时间里不可能每一页、每一个字都去看，这就需要创业者以最简洁的话语表达出内心的想法，突出创业团队的优势，这样才能让投资者信服。提炼公司信息，也是对创业者的创业想法的加固。

2. 内容真实，体现诚意

"诚信是金"，在写创业计划书的时候一定要做到实事求是，不要刻意地夸大自身的优点，掩盖缺点。我们要扬长避短，把创业劣势主动地说出去，然后针对这些劣势说出团队的解决方案，这才是投资者最想看到的。特别是在市场分析和财务方面，许多风险投资者常使用一种"计划折扣系数"（一般认为成功的新企业通常只能达到他们计划财务目标的50%左右），更需要真实的信息，不可扭曲事实。

3. 通俗易懂，结构严谨

创业计划书一般包括执行总结、市场分析、产品（或服务）介绍、组织架构、发展战略、营销策略、营销计划、管理团队、财务规划、风险分析及规避，创业计划书必须明确板块的顺序，让对创业项目一点都不熟悉的阅读者能多读懂其中的关键信息。同时一份创业计划书也是由团队不同的人合力完成的，其中可能会出现上下层信息连接不上的情况，所以一般是由一个人为最后的统筹者，梳理计划书的上下结构。在撰写创业计划书的时候尽量采用通俗易懂的语言，在出现一些专业词汇的时候可以稍做解释。

4. 突出关键风险因素

风险因素表面上看是对创业团队的阻碍，但是每一次攻克风险也体现了创业团队的凝聚力和应变能力。关键风险的指出是对投资者的一种诚信体现，展现出创业团队的综合素质。

在突出关键风险的同时要给出相关风险规避方案，要让投资者看到团队是有能力驾驭和控制的。有一些风险没有足够的能力解决时，可以采取降低风险值的措施。没有重视风险因素和规避措施则很容易给投资者留下不好的印象。

5. 突显优秀创业团队信号

一个人的力量是有限的，团队的力量才是无限的，一个团队为一个目标去奋斗，做到众志成城，可以达到事半功倍的效果，所以一定要展现出团队的办事能力和管理能力。创业者在创业时一定要根据团队成员的专业特点、性格特点、个人优势、背景进行合理的共组分配，展示横向互补、纵向突出的特点。

8.2.5 创业计划书的展示技巧

展示创业计划书需要一定的技巧：

1. 要展示真正的实用产品

在讲述创业计划书的时候，拿出真实的创业产品可以加强对投资者的说服力，途径有实物展示、视频展示等。

2. 要对自己的产品有信心

信心是力量的源泉，对自己的产品有信心的态度可以打动投资者，也是对创业团队的一种信任。

3. 体现自己的专业素养

注意在讲述创业计划书时的言行举止，做到端正大方，声调抑扬顿挫，这也是自信心的体现，如果连自己都没有信心，投资者是很难被打动的。

投资者不会因为创业者的片面之词选择投资，一份好的创业计划书内容是真实简洁的，能给投资者真实的数据信息作为创业者讲述的依据，投资者注重的是创业计划的可行性分析以及创业公司各方面的优势。若仅仅对当前的创业情况做出分析是很难得到投资者的青睐的，创业计划书要有对过去行业的分析、对如今行业的行动和对未来行业的预测。

创业案例 7：

2003 年开创广东博古有限公司的翟灵，10 年后在佛山市禅城区同华东路开创了一家名为"Isabella Lifestyle"的高级服装生活时尚体验馆作为新的创业试验田。她坦言时尚服装是自己初涉的非常新鲜的行业，仍然处于创业阶段。她认为自己是以一个企业家的身份去运营公司，而非单纯地做生意，如果将创业和做生意等同，是一种错误的想法。"Isabella Lifestyle"从创立一开始，目标定位就很高："我们的眼光放在了生活之上，正如生活不只是穿衣一样，Isabella 也不只是服装店，我们分享生活、分享幸福。"

一、"Isabella Lifestyle"的企业品牌故事

"为什么起了'Isabella'这个名字？""这是店铺名字，也是我的英文名字，它象征我的企业理念，同时象征着我希望向别人传递的一种生活理念。""Isabella"这个名字源自法国电影《蝴蝶》。世界上有一种蝴蝶，名字就叫作"Isabella"，传说中是最美的非常罕见的蝴蝶，只有三天的生命，因为它没有吸附花粉。故事中一个老人带着一个小女孩去寻找这种蝴蝶，寓意为寻找最美好的东西。途中他们经历了欢笑、吵闹，最终快要放弃、不想再去寻找的时候，发现旁边有一个普通的茧，慢慢地飞出一只蝴蝶。这就是他们走了很多地方，历尽千辛万苦要找的蝴蝶"Isabella"。原来"Isabella"一直就在身边。这个故事有两层寓意。第一层寓意：美好事物的出现不一定是惊艳的。每个人的心中都有一只属于自己的"Isabella"，它可能会是一幅画、一首诗、一段回忆、一个片段。有时我们未发现它们，但其实它们就一直隐藏在我们的生命之中和心中，隐秘而伟大。我们经历一些事情后，回首过去，这些美好的事物在不经意间就出现了。第二层寓意：这个故事的主人公是一个老人和一个小女孩，老人和小女孩代表着干净、纯真、纯洁。嘴硬心软、善良热心的老人和心无杂念、天真烂漫的小女孩一路上用着淡淡的、纯净的、近乎答非所问的方式靠近彼此，在如画的美景中传递出如蝴蝶般美好的温情。以上就是"Isabella"的品牌故事。"创业的品牌故事是很重要的。我们现在要做的事情是，让每个人通过'Isabella Lifestyle'

这个窗口，发现自己喜欢的东西，那样东西或许是一块曲奇、一杯咖啡、一件衣服、一双鞋、一个微笑。我们希望把生活变成比现在更美好的样子。"

二、用户体验，建立感情

"Isabella Lifestyle"高级服装生活时尚体验馆非常注重"用户体验"。翟灵有远见地提出"创业的过程中不仅要与人建立感情，与物体也要建立感情"，她希望来访者与这里的一切事物建立感情。这里的环境温馨典雅，富有情调，给人以宁静舒适的感觉。照得人心温暖的昏黄的灯光、沁人心脾的花香、悠扬的古典音乐、别具一格的艺术品、橱窗里的好书，还有免费提供的咖啡师现磨的可口的咖啡，这些无不成为顾客喜欢与留恋的理由。无论来访者是否消费，都可以尽情享受在这里的休闲时光。她心态平和地提到自己不怕亏本和做事不能急功近利。"做人要舒服。当客户在这里感觉到舒服，喜欢这里的书、艺术品、咖啡等，认同这里的时候，自然就会产生消费。""我们的理念是'自在穿着，舒适生活'，所以不只是卖衣服，还希望和你们边生活边分享，希望你们经常来这里。"就是抱着"你若盛开，蝴蝶自来"的态度，让"Isabella Lifestyle"获得了好人缘。现在经常有亲戚、邻里、外地慕名而来的顾客，甚至电台主持人等光顾。"他们喜欢这里，愿意来跟我们一起分享他们的生活艺术。""我们也会定期在微信公众号推送一些原创美文与顾客联络感情，文章全部出自妹妹之手，虽然内容看起来比较怪异，但是思想深刻，因为生活无须粉饰，应该还原本来的样子。"

三、"人和"促"企和"

开店前看见祖庙路停满了名车，略显高冷，翟灵觉得生活不应该是这样的，她认为就算是你穿着运动鞋走路，依然能感到舒适自在。这也是她所提倡的"自在穿着，舒适生活"。她欢迎各个阶层的人来光临，她希望带给所有人快乐。另外，被问到为什么允许客人一进来可以随便拍照，她说："不让随便拍照的店铺缺乏大气。最重要的是思想抄袭不来，因为无论怎么拍，每个季度都会适时改变。我们的胸怀是向所有人敞开的。"她还打算在五六月扩建店面，让更多的人可以参与分享。另外，她引以为豪的是上下级之间、同事之间相处都非常和谐。她有一群非常开心的员工。员工们都会亲切地称呼她为"妈妈"，她也会称呼她的员工为"女儿""儿子"。店里会时不时传出温馨的话语，"妈，转凉了，多穿件衣服""女儿，吃饭啦"等。他们之间也可以开很大的玩笑。当他们拿业绩表问"妈妈"是否满意的时候，她都会答"满意"。正是这种态度，让员工们有很大的自由发展空间，他们乐于主动学习。"那些 Excel、Access 数据分析之类我从未要求过的，他们会非常主动地去学习，有向上的动力。我预计'Isabella Lifestyle'会再亏本两年，没想到公司一年内就回本了。"整个团队都很团结。她提到员工们主动加班到半夜三点亲手制作 Isabella 礼物袋还有心意卡。"我们是'蠢人用蠢办法'，虽然走得慢，但是效果是最好的。这过程中我们有说有笑，收获了很难忘的团队合作经历，增强了凝聚力。"她笑称："之后我们上网搜索其实淘宝网上 20 块钱就有 100 个（礼物袋）了，但是我们整个团队齐心协力、和谐共进的过程是无价的。"

四、这个世界上没有绝对的最好

"别人说我的东西是最好的，但是我一直认为我的东西永远都不会是最好的，但是我有决心和信念让它无限接近最好。这世界上没有绝对的最好。"

就是抱着这样的态度，翟灵结合自己的创业历程和人生经历，给自主创业的年轻人提出了一些建议。

第一，要有不断学习的精神。她特别提出要让阅读成为一种习惯。要从阅读中练就慧眼。她自己睡前都会看一两页书，如果不看书的话，内心就会感到不舒服、不实在。她会看不同类型的书，最近在看管理类的王石的《大道当然》，也会看文学类的《天龙八部》放松自己。她说如果想要了解什么东西，就找那一方面的书，文学、艺术、科普等，希望年轻人列好属于自己的读书清单。理论是不可或缺的，没有理论基础的话看其他书会看不下去，也难以让自己更有远见，向更高处发展。现在很多年轻人被手机迷惑、统治了，接收到的信息是一段一段的，即使这些信息有道理，也是碎片化的，很容易让人断章取义。读一本书起码有头有尾，对整件事情有所了解。其实传统的读书有着非常大的好处。她就是从阅读中汲取到很多知识启发自己如何创业。第二，要学会聆听。听其实有五种境界，希望年轻人做到最高的境界，设身处地地去听，重视谈话者，将自己放低，学习他人好的东西。站在他人的角度想，自身头脑产生积极的反应，汲取好的东西去学习。第三，要学会守口。其实很多时候祸从口出。要做到少讲多做。第四，要经得起批评。有则改之，无则加勉。要感激别人的批评，因为这会让你变得更好。第五，要学会坚持。创业可能意味着失败。做半年，失败不做，又做半年，失败不做，如此循环下去，没有坚持下来依旧会失败。一定要坚持，满怀希望地坚持。她坦言自己的创业道路并不平坦，遇到很多旁人无法想象的困难，各种诋毁和破坏。"我有时候在想自己也不过是个女人，为什么要这么辛苦。但是我真心真意想做一件事，就会坚持下去，所以我还是走到了现在。"她创业最久的公司存在了十二年。第六，要真诚。她告诫我们要心态平和，待人真诚。因为看到过无论是政界还是商界，尔虞我诈而落马的人真的很多。无论如何，都必须真诚待人，保守本心，不能在利益中迷失自我，要诚心做人、诚心做事。

从翟灵的分享中，笔者看到了她有远见、睿智、前卫、大胆创新、心态平和、大方、真诚、知性等优秀的品质，看到了创业与做人其实是密不可分的。她在成就着个人的"Isabella"，创造着企业的"Isabella"，也让自己和别人活得像"Isabella"。这就是你我的"Isabella Lifestyle"。

（钟健欣）

第9章　新企业的开办

9.1　企业成立

在创立企业之前，考虑企业所在行业的产品、服务以及市场的同时，创业者必须要对企业选择的组织形式、注册企业的一般流程和其他法律等相关的要素有充分了解和准备。企业成立的基本程序如图9-1所示。

企业选址　　　　　　　　查阅相关法律

STEP 1　STEP 2　STEP 3　STEP 4　STEP 5

确定组织形式　　　企业工商登记　　　编写企业注册文件

图9-1　企业成立的基本程序

9.1.1　企业组织形式的选择

企业组织形式是指企业存在的形态和类型。根据市场经济的要求，现代企业的组织形式按照财产的组织形式和所承担的法律责任划分。国际上常见的分类为独资企业、合伙制企业和公司制企业（有限责任公司/股份有限公司）三种形式。

1. 独资企业

（1）定义。

独资企业是指按照《中华人民共和国个人独资企业法》，在中国境内设立，由一个自然人投资的财产。我国的个人独资企业为投资者个人所有，投资者并非法人资格（即个人独资企业不具有法人资格），是以个人的财产对企业债务承担无限责任的经济实体。

（2）优点。

①企业设立手续简单且费用较低。

②结构简单、经营自主、盈亏自负、限制较少。

③无须缴纳公司所得税，出资者必须按全部营利额缴纳个人所得税。

④所有者拥有企业资产的所有权、控制权、经营权和收益权。

⑤灵敏度高，可根据市场需求迅速做出调整。

（3）缺点。

①出资者负有无限的偿债责任，风险较大。

②规模有限，连续性差，存续期受制于企业所有者本人的生命期。

③融资较困难，财务组成过于简单。

④创业者投资的流动性较低。

2．合伙制企业

（1）定义。

合伙制企业是指依照《中华人民共和国合伙企业法》在中国境内设立的由各合伙人（指两个或两个以上投资人）共同出资兴办、联合经营、共负盈亏的企业。

（2）优点。

①创办比较简单，且费用低。

②扩大了筹资来源与信用能力，分散了经营风险。

（3）缺点。

①无限责任。

②权力分散，决策缓慢且企业生命有限。

③产权转让困难。

④外部筹资困难，财务管理内容复杂。

3．公司制企业

（1）有限责任公司。

①定义。

有限责任公司是指 2 个以上 50 个以下股东出资设立，每个股东以其所认缴的出资额为限，对公司承担有限责任，公司法人以其全部资产对公司债务承担全部责任的经济组织。

②特征。

A．资本总额不分为等额的股份。

B．公司向股东签发出资证明书，不发股票。

C．股份的转让有严格的限制。

D. 限制股东人数。

E. 股东以其出资额享受权利和承担义务。

F. 具有独立寿命，易于存续。

G. 创立费用较高，税负较重。

（2）股份有限公司。

①定义。

股份有限公司是指全部资本分为等额的股份，股东以其所持有的股份为限对公司承担责任，公司以其全部资产对公司债务承担责任的企业法人。

②特征。

A. 资本总额平均分为等额的股份。

B. 公司的股份采用股票的形式。

C. 股东可依法转让持有的股份。

D. 股东人数不受限。

E. 股东以其出资额享受权利和承担义务。

F. 同股同权，同股同利。

G. 具有独立寿命，易于存续。

H. 创立费用较高，税负较重。

4. 企业组织形式的决定及选择

（1）决定企业组织形式的主要因素。

在决定企业的组织形式时，要考虑的因素很多，主要有以下几个方面，如图 9 - 2 所示。

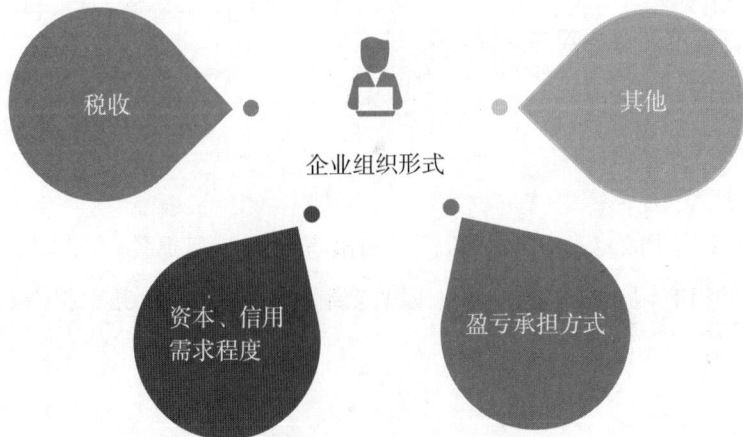

图 9 - 2　企业组织形式的影响因素

①税收因素。

在中华人民共和国境内，企业和其他取得收入的组织（以下统称企业）为企业所得税的纳税人，依照法律的规定缴纳企业所得税。个人独资企业投资人、合伙制企业依法缴税。

A. 公司营业利润在企业环节上课征公司税。

B. 个人投资者还需要缴纳一次个人所得税。

C. 合伙企业只征收合伙人分得收益的个人所得税。如合伙人中既有本国居民，又有外国居民，就会出现合伙企业的跨国税收现象，由于国籍的不同，税收将出现差异。

一般情况下，规模较大的企业应选择股份有限公司，规模不大的企业采用合伙制企业比较合适。因为规模较大的企业需要的资金多，筹资难度大，管理较为复杂，如采用合伙制形式运转比较困难。

②盈亏承担方式。

A. 独资企业，要一人承担企业的亏损。

B. 合伙制企业，如果合伙协议没有特别规定，利润和亏损由每个合伙人按相等的份额分享和承担。

C. 有限责任公司和股份有限公司，公司的利润是按股东持有的股份比例和股份种类分享的。对公司的亏损，股东个人不承担投资额以外的责任。

③资本、信用需求程度。

通常，投资人有一定的资本，但尚不足，又不想使事业的规模太大，或者扩大规模受到客观条件的限制，适宜采用合伙制或有限责任公司的形式；如果所需资金巨大，并希望经营的事业规模宏大，适宜采用股份有限公司的形式；如果开办人愿意以个人信用为企业信用的基础，且不准备扩展企业的规模，适宜采用独资企业的形式。商业信用是指企业在商品交易中延期付款或者延期交货所形成的借贷关系，目前已成为融资企业一项重要的短期资金筹集方式。商业信用是商业资本存在和发展的需要，是产业资本循环和周转的需要。

④企业的存续期限、投资人的权利转让、企业的控制等因素都会对投资人在选择企业组织形式时造成影响，必须对各项因素进行综合分析。

9.1.2　企业工商登记办理流程

（1）工商登记需要先进行核名。

（2）全体投资人的资格证明（自然人提供身份证原件，企业法人提供营业执照）。

（3）企业法定代表人签署的"企业设立登记申请书"。

（4）提交公司章程，公司章程可以登录税务局网站下载章程模板，公司章程需要所有股东签字并且需要企业法定代表人盖章。

(5) 工商登记需要提供董事、监事、经理以及董事长或者董事的任职证明。

(6) 提交董事、监事、经理的身份证复印件。

(7) 提供公司住所使用证明，如房屋租赁协议及房屋产权证复印件。

(8) 报工商局进行审批，审批通过后下发营业执照。

(9) 携带公安局下发的刻章密码，前往在公安局备案的刻章店进行刻章。

(10) 前往税务局进行税种核定，同时前往当地任意银行进行公司基本户开户。

9.1.3 企业注册相关文件的编写

(1) 公司董事长或执行董事签署"公司设立登记申请书"。

(2) 领取"企业（公司）申请登记委托书"，股东盖章或签字（自然人股东），如委托他人办理领取，应标明具体委托事项和被委托人的权限。

(3) 公司章程：以实物、工业产权、非专利技术和土地使用权出资的，应当就实物、工业产权、非专利技术和土地使用权转移的方式、期限在章程中做出明确的规定；有限责任公司章程由股东盖章或签字（自然人股东）。

(4) 股东的法人资格证明或者自然人身份证明。

①股东为企业法人的提交营业执照副本复印件。

②股东为事业法人的提交事业单位法人证书复印件。

③股东为社会团体法人的提交社会团体法人登记证书复印件。

④股东为民办非企业单位的提交民办非企业单位登记证书复印件。

⑤股东为自然人的提交身份证复印件。

(5) 注册资金：公司股东（发起人）自主约定缴出资额、出资方式、出资期限等，并记载于公司章程。

(6) 董事、监事的任职文件：根据公司章程的规定和程序，提交股东会决议，由股东盖章或签字（自然人股东）。

(7) 经理的任职文件。

(8) 董事长或执行董事的任职证明：根据本公司章程的规定和程序，提交股东会决议或董事会决议等，股东会决议由股东盖章或签字（自然人股东），董事会决议由董事签字。聘任须提交董事会的聘任决议，由董事签字。

(9) 公司董事、监事、经理身份证复印件。

(10) 住所使用证明：自有房产提交产权证复印件，租赁房屋提交租赁协议原件或复印件以及出租方的产权证复印件；以上不能提供产权证复印件的，提交其他房屋产权使用证明复印件。

（11）"企业名称预先核准通知书"。

（12）法律、行政法规规定设立有限责任公司必须报经审批的，提交有关部门的批准文件。

（13）公司的经营范围中，属于法律、行政法规规定必须报经审批项目的，提交有关部门的批准文件，如营业执照。

（14）股东是外商投资企业的，公司的经营范围属于鼓励或允许外商投资的领域的，外商投资企业股东应提交：

①外商投资企业关于投资一致通过的董事会决议；外商投资企业的批准证书和营业执照复印件；法定验资机构出具的注册资本已经缴足的验资报告；外商投资企业经审计的资产负债表；外商投资企业缴纳所得税或减免所得税的证明；法律、行政法规及规章规定的其他材料。

②股东是外商投资企业的，公司的经营范围属于限制外商投资的领域的，除外商投资企业股东应提交上述规定材料外，公司还应提交省级以上外经贸主管部门的批准文件。

③以上各项未注明提交复印件的一般均应提交原件；提交复印件的均需持原件到登记部门核对，不能提交原件的（身份证、计生证、许可证等除外），由原件持有方核对复印件加盖公章或签名并注明其与原件一致。

9.1.4　注册企业必须考虑的法律

注册企业必须考虑的法律法规有《中华人民共和国安全生产法》《中华人民共和国环境保护法》《中华人民共和国著作权法》《中华人民共和国反不正当竞争法》《中华人民共和国产品质量法》《中华人民共和国劳动法》《中华人民共和国商标法》《中华人民共和国专利法》等。创业者在初期最好接受专业的培训，或聘用法律顾问提早预防违法违规的行为发生，以免影响到企业的正常经营。

9.1.5　新企业选址策略和技巧

俗话说"一步差三市"，它的意思是，开店的位置相差了一步，就可能差了三成买卖。如果选址不善，就很有可能会出现你的店铺生意惨淡，而与你的店铺隔三步之远的另一家店铺却生意红火的局面。这也许不是自己的经营方式不对，不是自己的经营能力不行，不是自己的产品不行，真正的原因可能是店铺的选址不行。

对工业生产用地，除了了解最基本的产权、地价、交通、配套等重要条件之外，还必须提前了解当地政策，特别是行业的准入条件、环境影响评价、安全评价的要求等也要同步解读清楚。除此之外，员工是否容易招聘、专业人才是否存在、相关行业上下游协作是否完善等都是主要考虑的条件。工业用地选址通常在远离人口密集区域的城镇郊区，或是专业的工业区内，目前大多数地方工业区发展成熟，可通过自身需要选择自建，或是直接购买标准厂房，一般取决于自身规模和经营需要。而纯粹办公的，可选择租用专业写字楼、交通方便的商铺，主要考虑租金、地理位置和周边环境，而实力允许的，可以直接购买固定的场所来注册公司。

对于某些特定行业，定位不同，其选择的方向也有所区别。例如，传统小吃店一般在人流较为充足的住宅区、学校附近为佳；而对于稍具规模的美容店、化妆店、按摩店等在店铺选址的过程中，不能片面而笼统地找人流最集中的地段，首要考虑的应是停车是否方便、容纳空间是否与设定目标匹配等；相反，在生产过程中不可避免会产生噪声或粉尘等问题的企业，则应选择人口密度较小的区域或郊区。

在企业布局中，往往同行业越集中的地方会越旺，因为同样的产业集中在一起会起到相互的带动效应，虽然竞争不可避免，但相互的影响和带动往往会利大于弊，竞争关系在规模上反而会形成合力。

9.2　新企业的生存管理

新企业成立之后，由于创办初期，市场、资金、资源大都存在一定的瓶颈，要实现发展和创造财富，首先必须综合考虑如何生存和管理以及风险控制的问题。管理是指一定组织中的管理者，通过实施计划、组织、领导、协调、控制等职能来协调他人的活动，使别人同自己一起实现既定目标的活动过程。管理在制定战略、分配任务、指示引导、纠正偏差等方面具有重要意义。

9.2.1　新企业的生存

新企业要在经济环境中生存和发展，在创办期间就必须做好企业战略规划。可用波特五力分析法，对供应商、客户、潜在竞争者、替代者、现有竞争对象先做科学的评估。对整个客观环境做出全面的把握和分析之后，可进行全面的运营管理，避免企业在经营上走更多的弯路或者对突发的情况早有预期，可做到经营上有章有法，对经营的产品（或服务）的过程进行计划、组织、领导和控制（如图9-3所示），做到临阵不乱。企业在成长的过程中，无论是创业初期的模仿式创新还是后期成立的创新中心，都是企业针对市场环境和自身能力的匹配性战略决策。企业只有兼顾用户和合作伙伴的利益，追求多赢，才能使企业生存得更久。

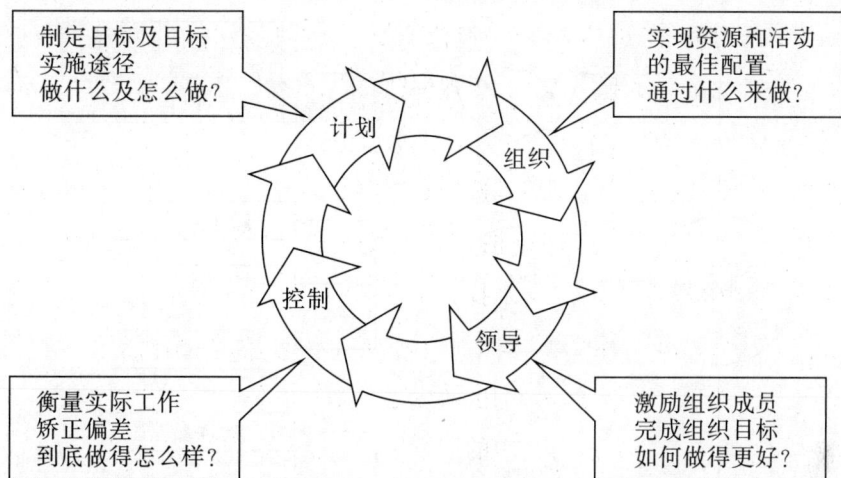

图 9 - 3　新企业的运营工作

新创办的企业往往会存在一个误区，过分地注重客户以及现有竞争对手，而忽视了可能的替代品以及潜在的对手。就像著名的柯达公司，到企业破产的前一天，他们的胶卷仍然是品质最优秀的，打败他们的是数码相机的出现，而并非它的同行。同样，由于材料的不断升级，手机、平板电脑的外壳很多由传统的塑料材质转为金属（铝合金、不锈钢等）材质，带动了一大批做金属精密加工的企业，而原来靠做注塑的企业悄然退去。5G 推出后，其引领了新的市场热点，创造了更多的机会。潮州三环集团也瞅准了时机，与长盈精密公司加强合作，参与了其手机玻璃外壳的生产和加工，这必然带来公司新的增长点。

除此之外，外来入侵企业也是影响新企业生存的重要因素。某计算机系统企业成立于1998 年，21 世纪初，该企业遭遇到美国在线旗下的 ICQ 的外来入侵。2001 年，美国 ICQ凭借在资源和技术上的强大优势进入中国市场，ICQ 还提供当时国内商业设备所没有的新闻、电子邮件、娱乐服务等多种服务，这一动作使该企业受到巨大的冲击。

但很快，该企业做出了及时的应对。该企业针对 ICQ 用户无法更换计算机登录的弊端，避开与入侵者在技术与资源上的竞争，实现没有计算机的用户可以在网吧的任何终端登录聊天的可能性。同时，首创离线消息发送、隐身登录和个性化头像选择等功能。对于这次入侵，该企业能够避开竞争对手的现有优势，从外来企业的弊端入手，注意到即时通信的社交性以及用户的需求，把自身具有的优势做细做精。2002 年，该企业还推出新版本的即时通信工具，增加了群聊天、好友手机绑定以及手机通信录"云"保存等功能，使企业从陌生人聊天转型成为真实的社交网络平台，该企业最终在互联互通的世界一统江湖。

9.2.2　新企业的管理技巧

不同规模企业的管理模式如图 9 - 4 所示。

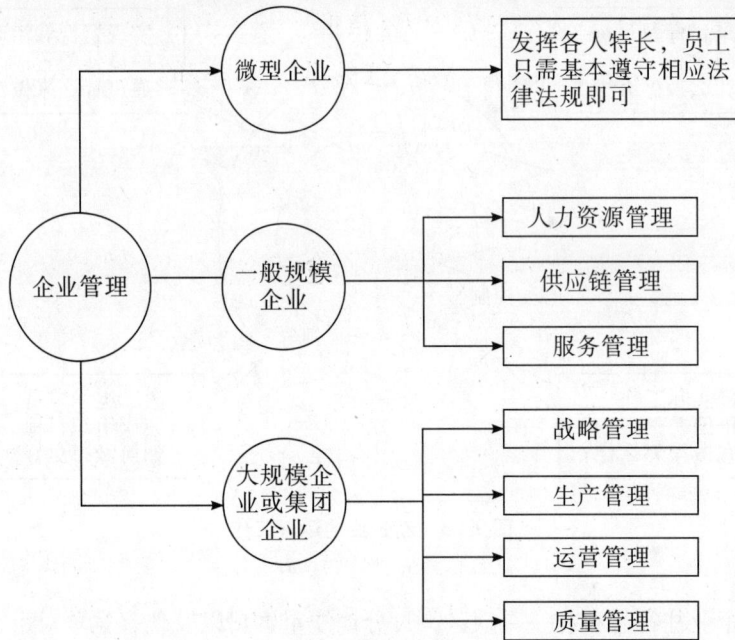

图9-4　不同规模企业的管理模式

新企业的创办初期，如果是独资企业或规模较小的合伙制企业或其他微型企业，在管理上可以简化，主要是按各人的特长与专长做好分工和合作。在人数不多的情况下，经常是"一个萝卜多个坑"，只要做好粗线条的脉络和架构，形成一定的制度和分工即可。特别是很多大学生、青年创业，大多靠的是梦想和热情，若有太多条条框框的管理制度，不符合企业的实际运营。对于这样的企业来说，过度管理会适得其反，在管理方面，往往只是在法律法规允许的情况下，根据自身的情况管理和约束自己的行为。

一般规模企业和大规模企业的管理模式也存在本质上的区别。一般规模企业应该有与之相应的企业制度，人力资源管理方面包括人才的引进、员工的培养、薪酬的核定和激励、日常的考勤等。供应链的管理主要涵盖生产、供应、销售和储运等各方面的企业资源的合理分配。对于不同行业的产品（或服务），管理的重点有所侧重，但原则上不变，就是发挥各个环节之间的协同效应，解决短板，形成合力。大规模或集团化企业的管理难度更大，可借助信息化管理，如定制企业资源管理、ERP、客户管理等专业信息化管理工具，通过企业内部对人力管控、财务管控、营销管控、风险控制等措施的完善，提高企业的管理能力和控制能力。营销管控作为企业管理的核心和重心，属于企业管理中的重点和难点。营销管控关系到企业的生存和发展，各个环节要狠下功夫。

无论在何种规模的企业，决策者的战略眼光都尤为重要。香港新一代潮商，年轻的李泽楷在1993年依靠经营卫星电视净赚30多亿港元起家后，组建盈科集团大搞地产和资金投资；1998年成立高科技公司，与香港特别行政区政府合作开发130多亿港元的"数码港"；其后又以其前瞻性的眼光投资电信，调动 700 多亿港元，击退新电信，力夺香港电讯的并购权，与 Telstra 巨资合作、拟收购《信报》……李泽楷发家、组建集团、成立公司与政府合作，以及辗转多个商业领域，这些都涉及长远的、敏锐的战略布局和战略管理。

9.3　新企业的风险控制和化解

企业的风险来自生产经营过程中的不确定因素造成的损失、收入下降、利润未达预期、企业危机等。新企业往往由于经验不足、底子薄、资源有限、预防措施不到位等而面临困境。

新企业可能存在企业战略、经营管理、财务控制、生产管理等方面的风险。控制企业风险最主要的方法是预防风险的发生或是阻止风险的出现，对于难以避免的、不同原因造成的风险可以采取不同的方法进行控制和化解，原则上有风险回避、损失控制、风险转移、风险保留这四种风险控制的方法。企业风险分类如图 9-5 所示。

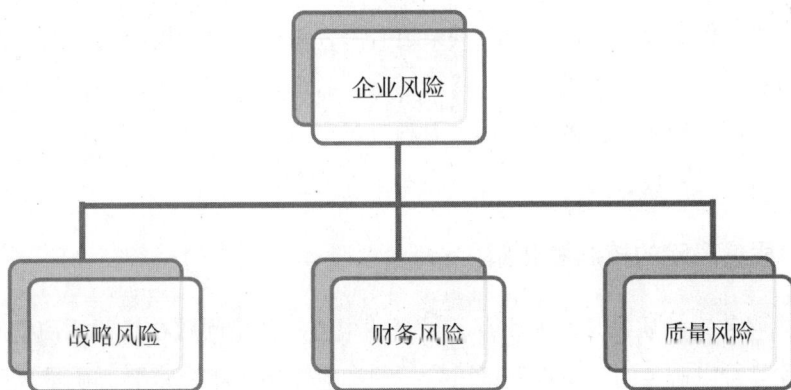

图 9-5　企业风险分类

9.3.1　战略风险的控制和化解

企业开办之始，企业战略的制定是否精准和周全，对产品（或服务）的定位、目标市场的设定、营销策略的选择是否得当，存在一定的风险，在风险发生时应该及时止损或调整经营战略和方向。例如，潮州某一远离市区的农庄，刚开始以高端私房菜为主，在环境、菜系、服务方面都进行高端定位，消费水平定在人均 200 元以上。开业数月之后，因为消费和定位出现问题，生意非常惨淡，导致了连续的亏损。在经过调研和研究之后发现，由于多项规定的出现，许多单位制定了规范的招待标准，而农庄的定位消费明显过高；并且该农庄位置偏远，普通客流量不大，与高档酒店菜系类似，在竞争上并无明显优势。后来，管理者深挖自身优势，改为发展特色菜、农家乐、儿童娱乐，配合周边山地优势做了调整，增加了除了饮食之外的户外活动，并且消费水平调整至人均 60 元。在调整经营定位和战略之后，该农庄吸引了大量的顾客，开始扭亏为盈，及时化解了战略上的危机。企业的战略关系到企业的存亡，新办企业在制定战略上一定要深思熟虑，并做好调整预案，规避风险。

9.3.2 财务风险的控制和化解

企业财务的功能在于确保资金的安全、对企业成本和盈利的精准计算、对流动资金的合理分配和运作，为企业的正常运营和发展提供保障。财务上一旦出现危机和风险，对企业来说往往是致命的，所以要认真做好财务风险的控制。控制的主要方法如下：首先，做好全面预算，企业发展所需的资金与财务能力应匹配。其次，流动资金是企业的血液，财务要确保融资渠道的畅通。最后，控制财务费用，降低企业运营成本。新办企业还可以通过与特定的供应商和客户形成战略合作关系，在必要的时候，战略合作供应商或客户可以支持企业渡过难关。例如，某陶瓷企业，由于创业初期规模与资金实力不足，生产经营上遇到诸多瓶颈，或是产能的原因，或是产品型号单一的原因，虽然企业管理团队有突出的研发和设计能力，但难以发挥出来。融资渠道有限，银行授信额度不高，而民间借贷成本过高，难以负担，导致企业不见起色，惨淡经营。后来，管理者主动和供销商合伙，发挥自身技术优势，同时利用供销商的资金实力和市场渠道夯实企业生产线，产品的质量和产量都得到了提升，迅速成长为一家具备核心竞争力的企业。

9.3.3 质量风险的控制和化解

产品（或服务）的质量是企业生存和发展的根本，质量问题在经营活动中发生的概率非常大，往往是难以避免的，所以质量风险控制和应对预案相当重要。质量风险控制有别于其他风险的控制，目的并非完全杜绝质量风险，而是把其带来的损失降至企业能接受的范围内，将由此带来的负面影响最小化。在控制过程中对质量风险可进行分级管理，积极通过全面管控，降低质量风险出现的概率，并配合积极的售后方案消除影响。1985 年，海尔集团创始人张瑞敏不顾众人阻挠，用铁锤砸毁 76 台有质量瑕疵的冰箱，砸出了海尔的未来。出现质量风险并不可怕，关键要有化解风险的决心和能力。

参考文献

［1］余晓东，秦玲. 信息不对称性与创业资本的核心能力分析［J］. 外国经济与管理，2001（12）.

［2］雷晓红. 我国中小企业风险分析及风险管理［J］. 经济工作导刊，2003（15）.

［3］姜彦福，邱琼. 创业机会评价重要指标序列的实证研究［J］. 科学学研究，2004（1）.

［4］刘健钧. 创业与投资双赢的创业投资理念［J］. 科技创业，2005（7）.

［5］李光贵. 关于放弃现金折扣成本决策问题的探讨［J］. 会计之友，2005（7）.

［6］李俊. 揭开潮汕商人小生意赚大钱之谜？［J］. 金色年华，2006（2A）.

［7］陈桦，张耀辉. 发现成本与创业机会［J］. 科技进步与对策，2006（9）.

［8］潮商谋略　整合资源（之三）［J］. 现代营销（经营版），2006（12）.

［9］任旭林，王重鸣. 基于认知观的创业机会评价研究［J］. 科研管理，2007（2）.

［10］王文科. 潮商的文化特质与取向选择［J］. 韩山师范学院学报，2007（5）.

［11］廖继胜. 创业融资选择的影响因素分析及其策略探讨［J］. 金融与经济，2007（5）.

［12］党洪莉，陈玉顺. 可用性评价之启发式评价法在图书馆网站设计中的应用［J］. 图书馆论坛，2007（4）.

［13］沈建华. 李嘉诚的经营观［J］. 公关世界（下半月），2008（1）

［14］李闻海. 北大百年讲堂谈潮商精神感恩［J］. 潮商，2008（3）.

［15］黄赞发. 潮商精神与海洋文化［J］. 潮商，2008（5）.

［16］胡萍. 国内外创业理论研究综述［J］. 浙江树人大学学报（人文社会科学版），2008（6）.

［17］李作战. 中小创业企业的技术资源：竞争优势与比较优势［J］. 交通企业管理，2008（11）.

［18］关于促进以创业带动就业工作的指导意见［J］. 中国就业，2008（11）.

［19］高日光，孙健敏，周备. 中国大学生创业动机的模型建构与测量研究［J］. 中国人口科学，2009（1）.

［20］常家树，顾骁南. 大学生创业问题探析［J］. 当代青年研究，2009（3）.

［21］李涛，刘明永．论创业教育的内涵与价值［J］．教育探索，2009（8）．

［22］王亚斌，罗瑾琏，李香梅．创新型人才特质与评价维度研究［J］．科技管理研究，2009（11）．

［23］程鹏．对民营企业战略管理实践的思考与创新性研究［J］．现代经济信息，2010（1）．

［24］俞金波，黄文光．大学生创业类人才培养校企合作模式研究［J］．思想教育研究，2010（5）．

［25］张志．潮商谋略之一：不熟不做［J］．潮商，2007（1）．

［26］王娜娜．舒伯生涯发展理论述评［J］．唐山职业技术学院学报，2010（3）．

［27］刘瑛．大学生创业成本构成探析［J］．山西高等学校社会科学学报，2010（10）．

［28］郑本军，楼伟琳．高校大学生创业教育体系建设探讨［J］．学校党建与思想教育（上），2010（16）．

［29］张洪烈．舒伯生涯发展论的评析及应用［J］．云南财经大学学报，2010（4）．

［30］刘瑛，负晓燕．大学生创业动机概念模型研究［J］．机械管理开发，2011（1）．

［31］高玲玲．企业社会资本作用的博弈分析［J］．铜陵学院学报，2011（3）．

［32］从潮汕俗谚看潮商文化精神［J］．潮商，2011（6）．

［33］杨大筠．开店：面积讲策略 选址有技巧［J］．纺织服装周刊，2011（39）．

［34］陈骅．汕头开埠与近代潮商的崛起［J］．潮商，2012（1）．

［35］深圳新一代潮商亮相［J］．潮商，2012（1）．

［36］彭涛，张丽纯．勤劳诚信，感恩奉献："中国麦片之父"庄坤平谈潮商精神［J］．潮商，2012（5）．

［37］赵保卿，李娜．基于层次分析法的内部审计外包内容决策研究［J］．审计与经济研究，2013（1）．

［38］李海东．大学生创业者素质分析与培养［J］．商业经济，2013（2）．

［39］罗堃．汕头开埠潮商崛起［J］．潮商，2013（2）．

［40］吴常红，董大伟．中等职业学校职业指导和创业教育内涵及现状简析［J］．时代农机，2013（3）．

［41］罗堃．潮商家族那些事儿［J］．潮商，2013（4）．

［42］毕先萍，张琴，胡珊珊．创业机会来源研究：一个创造观和发现观融合的视角［J］．经济评论，2013（4）．

［43］罗堃．哪里有经济热点 哪里就有潮商［J］．潮商，2013（6）．

［44］高同先．创业是最好的就业［J］．中国人力资源社会保障，2013（10）．

［45］栗洪武．信息不对称性在教学中的意义［J］．陕西师范大学学报（哲学社会科学版），2013（6）．

［46］杨隽萍，陆哲静，李雪灵．风险信息识别在创业领域的作用机理研究［J］．图书情报工作，2013（7）．

［47］周丽．大学生创业动机的多元共生现象研究［J］．教育与职业，2013（3）．

［48］张丽纯．潮商之光：大陆新首富马化腾［J］．潮商，2014（1）．

［49］陈友义．潮商诚信友善的文化因由［J］．潮商，2014（1）．

［50］罗荣．潮商特点：不熟不做［J］．潮商，2014（1）．

［51］罗堃．陈少慈：潮商胆大团结，有勇有谋［J］．潮商，2014（5）．

［52］陈松．大学生企业创业融资问题与融资渠道分析［J］．商场现代化，2014（23）．

［53］刘明福，王忠远．习近平民族复兴大战略：学习习近平系列讲话的体会［J］．决策与信息，2014（19）．

［54］黄晓坚．海上丝绸之路与华侨华人：基于潮汕侨乡及海外潮人的历史考察［J］．新视野，2015（3）．

［55］郑梦婕．王锐旭：潮商精神撑起创业梦想［J］．潮商，2015（4）．

［56］汪罗．麦克利兰：成就动机理论创始人［J］．当代电力文化，2015（5）．

［57］走出李嘉诚马化腾的潮商帮有啥继承者［J］．潮商，2015（6）．

［58］张家俊．基于内涵式发展的校院两级财务资源配置研究［J］．江苏高教，2015（6）．

［59］张瑞林，李林．熊彼得创新理论与企业家精神培育［J］．中国工业评论，2015（11）．

［60］庄俊辉．弘扬潮商文化优秀价值　积极践行社会主义核心价值观［J］．中国集体经济，2015（12）．

［61］韩光．市场调查方法的对比研究［J］．中国市场，2015（27）．

［62］倪克垒，胡庄方．大学生创业资源及获取途径分析［J］．吉林省教育学院学报，2015（26）．

［63］胡惠敏，王朝云．我国创业企业融资渠道综述及展望［J］．现代商贸工业，2015（19）．

［64］彭学兵，陈璐露，刘玥伶．创业资源整合、组织协调与新创企业绩效的关系［J］．科研管理，2016（1）．

［65］"中国首善"潮商轮流当［J］．潮商，2016（3）．

［66］周劲波，郑艺杰．国外中学创业教育研究［J］．职业教育研究，2016（12）．

［67］柯戈．大学生创业融资渠道研究［J］．中国管理信息化，2016（11）．

［68］伦宁，钟敏．大学生创业融资渠道及其影响因素文献综述［J］．财经界（学术版），2016（20）．

［69］谷晓冰，居占杰．国内关于大学生创业教育研究综述［J］．南昌师范学院学报，2016（5）．

［70］段从宇．创业教育的内涵、要素与实现路径［J］．新疆师范大学学报（汉文哲

学社会科学版），2016（6）.

［71］谢舜龙，李泽兰. 潮商文化的传承与创新取向［J］. 潮商，2017（5）.

［72］高平安，任菁. 以全程化为基础的大学创业教育研究［J］. 世界家苑（学术版），2017（11）.

［73］王忠福，冯艳红. 互联网＋背景下大学生创新创业能力培养模式研究［J］. 经贸实践，2017（11）.

［74］刘娇，王博. 潮商学研究文献回顾［J］. 纳税，2017（21）.

［75］任飚，陈安. 论创新型人才及其行为特征［J］. 教育研究，2017（1）.

［76］尹留志，潘清泉. 技术资源与新创企业创业战略导向：来自创业板上市公司数据［J］. 现代商贸工业，2017（8）.

［77］何晓宇，鲍艳明，蒋绍准，等. 大学生创业融资渠道分析及建议［J］. 现代商贸工业，2017（6）.

［78］陈东东. 意义深远的潮商文化［J］. 潮商，2018（3）.

［79］林艳，李慧，张晴晴. 机会创新性、资源拼凑模式与初创企业绩效关系：基于扎根理论的多案例研究［J］. 科学决策，2018（12）.

［80］程丽，王朝云. 不确定情境下基于启发式的创业机会评价研究［J］. 沈阳工程学院学报（社会科学版），2018（4）.

［81］杨林波，朱兴婷. Bootstrapping 创业资源获取的驱动机制研究：基于"关系"视角［J］. 宁波大学学报（人文科学版），2018（3）.

［82］刘凤，于丹. 我国创业导师参与创业指导的动机及特征分析：基于 ERG 理论的实证研究［J］. 企业经济，2018（6）.

［83］陈琰. 创业者如何体验不确定性环境［J］. 未来与发展，2018（9）.

［84］张明纯，刘佳纯. 腾讯：努力让世界更美好：对话"改革先锋奖章"获得者、新时代潮商代表马化腾［J］. 潮商，2019（1）.

［85］苏翎清. 现代企业人力资源开发途径探析［J］. 中小企业管理与科技（中旬刊），2019（3）.

［86］徐飞扬，王玉明. 创业计划书对大学生创业的指导性探析［J］. 文化创新比较研究，2019（34）.

［87］朱素阳. 大学生创新创业大赛商业计划书设计关键技术研究［J］. 文化创新比较研究，2019（34）.

［88］甄月桥，沈婷，钱昆. 基于创业机会识别的高校创业人才培养体系构建研究：以浙江理工大学为例［J］. 重庆高教研究，2019（1）.

［89］侯波. 国外创新创业教育经验在师范院校教学中的运用［J］. 教育观察，2019（4）.

［90］张淑丽，张涛，崔岩，等. 新工科建设背景下大学生创新创业能力培养模式构

建［J］．西部素质教育，2019（9）．

［91］张良妍．网络信息资源的获取与利用研究［J］．黑龙江科学，2019（6）．

［92］马喆．便利创新创业小微企业融资的政策选择［J］．当代经济，2019（10）．

［93］陆园园．涵养创新型人才"蓄水池"［J］．人才资源开发，2019（16）．

［94］石春娜，曹丽，苏兵．以专业竞赛为依托的大学生创新创业能力培养模式研究［J］．教育教学论坛，2019（18）．

［95］邬嫒．国有企业计划管理策略分析［J］．现代商业，2019（18）．

［96］李经山，代利利，王美多．大学生创新创业机会识别和项目生成模型研究［J］．长沙航空职业技术学院学报，2019（1）．

［97］张琴．青年创业问题研究综述［J］．合作经济与科技，2019（20）．

［98］耿晶晶，张秀娥．服务经济时代大学生创业机会识别研究［J］．现代商业，2019（21）．

［99］徐朝科．创新创业教育中岭南文化的育人实现论述［J］．赤峰学院学报（自然科学版），2019（10）．

［100］柯东贤，丁虹，杨燕蓉．大学生创新创业能力培养模式创新［J］．广东教育，2020（1）．

［101］丁洁琼．国内外高校创新创业教育差异对比启示［J］．当代教育实践与教学研究，2020（2）．

［102］陈凯云，谢晓芹．新时代高校创新创业教育三融合模式研究［J］．继续教育研究，2020（3）．

［103］王永生．徐欢：创业是一场无限游戏［J］．中关村，2020（3）．

［104］王明月．对公司债权债务管理的几点思考［J］．财会学习，2020（3）．

［105］刘丽衡．人力资源管理与企业的经济效益［J］．中国乡镇企业会计，2020（3）．

［106］徐雅，李德龙，孙洁，等．大学生创业团队成功组建的影响因素［J］．智库时代，2020（4）．

［107］纪冬梅．财务分析为企业经营决策提供信息的探讨［J］．中国市场，2020（6）．

［108］幸姚李顺．浅谈高校大学生创业的定义［J］．中外企业家，2020（13）．

［109］龚瑾，黄俊鹏．大学生创业心理素质的培养探讨［J］．西部学刊，2020（16）．

［110］刘艳华，朱俊玲，刘蔚，等．浅谈在高校开展创业教育的作用与意义［C］//全国青联共青团中央国际联络部．KAB创业教育年会暨首届大学生创业教育论坛论文集，2009．

［111］王春峰．金融市场风险管理［M］．天津：天津大学出版社，2001．

［112］王建华．现代财务管理精华读本［M］．合肥：安徽人民出版社，2002．

［113］王拥军．天下潮商："东方犹太人"财富传奇［M］．武汉：华中科技大学出

版社，2011.

[114] 赵威. 经济法 [M]. 5 版. 北京：中国人民大学出版社，2013.

[115] 龚秀敏. 创业基础与能力训练 [M]. 北京：北京大学出版社，2016.

[116] 李肖鸣，孙逸，宋柏红. 大学生创业基础 [M]. 3 版. 北京：清华大学出版社，2016.

[117] 侯士兵，杨薛雯. 职业生涯发展与规划 [M]. 上海：上海交通大学出版社，2018.

[118] 李志能，郁义鸿，罗博特·D. 希斯瑞克. 创业学 [M]. 上海：复旦大学出版社，2000.

[119] 施祖军. 商业之魂 [D]. 长沙：湖南师范大学，2003.

[120] 陈震红. 创业者创业决策的风险行为研究 [D]. 武汉：武汉理工大学，2004.

[121] 李伟. 中小企业发展与金融支持研究 [D]. 武汉：华中科技大学，2004.

[122] 孙昌琦. 构建有效企业战略的关键要素研究 [D]. 天津：天津大学，2005.

[123] 李晓峰. 企业技术创新风险测度与决策及其预控研究 [D]. 成都：四川大学，2005.

[124] 潘涛. 投资基金的风险管理 [D]. 武汉：武汉大学，2005.

[125] 李春琴. 高校实施创业教育的探索研究 [D]. 长春：东北师范大学，2006.

[126] 马娟. 创业企业融资需求规律研究 [D]. 长春：吉林大学，2006.

[127] 郑春颖. 企业集群演进中的企业家作用机理研究 [D]. 沈阳：辽宁大学，2008.

[128] 刘建国. 企业战略风险识别、评估与动态预警研究 [D]. 北京：北京科技大学，2008.

[129] 谢建宏. 基于风险控制的企业集团资金安全研究 [D]. 长沙：中南大学，2010.

[130] 郭梅君. 创意产业发展与中国经济转型的互动研究 [D]. 上海：上海社会科学院，2011.

[131] 周阳. 国美电器企业治理结构的优化研究 [D]. 湘潭：湘潭大学，2011.

[132] 陈思思. 创业者特质、创业环境对创业意愿影响的研究 [D]. 长沙：中南大学，2012.

[133] 刘春雷. 高等教育视野中的企业大学研究 [D]. 南京：南京大学，2013.

[134] 薛绯. 基于财务风险防范的战略预算管理评价与优化研究 [D]. 上海：东华大学，2013.

[135] 杜娟. 新时期高校创业教育的研究 [D]. 晋中：山西农业大学，2014.

[136] 高洋. 创业机会资源一体化开发行为研究 [D]. 长春：吉林大学，2014.

［137］何仕. 当代中国大学生就业的经济学研究：以福建省高校毕业生就业为例［D］. 福州：福建师范大学，2014.

［138］孙杏芝. 风险投资、融资约束与中小企业绩效［D］. 开封：河南大学，2016.

［139］张学亮. "双创" 视阈下大学生就业教育研究［D］. 重庆：西南大学，2017.

［140］杨怀宇. 基于模糊综合评判的产业园区 PPP 项目绩效评价研究［D］. 大连：东北财经大学，2017.

［141］胡惠敏. 建构主义视角下创业资源构建过程研究［D］. 合肥：安徽大学，2017.

［142］黄方辉. 青年创业初期融资渠道研究［D］. 长春：吉林大学，2017.

［143］游磊. 创业生态系统视阈下的大学生创业交互机制研究［D］. 昆明：云南大学，2018.

［144］杨雪松. 创业项目的沟通管理模式研究［D］. 北京：北京邮电大学，2019.

［145］王鹏. 高校创业教育生态系统构建研究［D］. 哈尔滨：哈尔滨师范大学，2019.

［146］王玉琳. 创业能力对创业绩效的影响：基于商业模式创新的中介作用和环境不确定性的调节作用［D］. 上海：上海外国语大学，2019.

［147］张克文. 创业者社会责任导向、关系嵌入和创业能力关系研究：基于环境不确定性和长期导向的双调节作用［D］. 兰州：兰州大学，2019.

［148］李萌. 创业者先前经验、创业资源拼凑与新创企业成长的关系研究［D］. 大连：大连理工大学，2019.

［149］魏国伟. 生态位视角下企业竞争环境、动态能力与创新绩效关系研究［D］. 北京：北京邮电大学，2019.

后 记

　　本书主要由广东省韩山师范学院高校辅导员、教师、学生和校友共同编写，主要的作者和编者有来自韩山师范学院的高校辅导员、高校创业指导师，从韩山师范学院毕业后在上市企业工作的高级管理人员、在外打拼的创业者，中学一线教师，在校期间积极参与大学生创新创业学习实践并取得国家级、省级创新创业大赛奖励的在校大学生。编写本书，源于我们在学习、教学、工作中对创新创业教育的认知和实践。

　　成书之时，教育部高校辅导员培训和研修基地常务副主任、华南师范大学博士生导师魏则胜教授，广东"新师范"建设指导委员会副主任、韩山师范学院副校长黄景忠教授特地为本书撰写了序言，提出了宝贵的指导意见，给予了多方帮助，在此特别鸣谢！在本书编写过程中，关于潮商创业精神的提炼、大学生创新创业实践活动的开展等，得到韩山师范学院郑文锋、衷明华、袁德辉、王伟光、卢裕钊、林曼斌、任乃林等教师的不断指导和支持，在此深表感谢。同时对为本书提供参考文献、信息支持和其他图文资料的所有作者表示深深感谢。

　　由于编者理论、专业、实践所限，书中仍存在不足之处，请各级领导、专家和广大读者多多批评指正。

编　者

2021 年 6 月